L'ÉCOLE À 2 ANS : EST-CE BON POUR L'ENFANT ?

Sous la direction de
Claire BRISSET, Bernard GOLSE

L'ÉCOLE À 2 ANS : EST-CE BON POUR L'ENFANT ?

Préface de Boris CYRULNIK

Odile Jacob

Collection « Comment l'esprit vient aux enfants »
dirigée par Bertrand Cramer et Bernard Golse

Bernard Cramer, Christiane Robert-Tissot, Sandra Rusconi Serpa, *Du bébé au préadolescent. Une étude longitudinale*, 2002.

Serge Lebovici, *Le Bébé, le Psychanalyste et la Métaphore*, 2002.

Laurence Vaivre-Douret, *La Qualité de vie du nouveau-né. Corps et dynamique développementale*, 2003.

Blaise Pierrehumbert, *Le Premier Lien. Théorie de l'attachement*, 2003.

Pierre Ansermet et Philippe Magistretti, *À chacun son cerveau. Plasticité neuronale et inconscient*, 2004.

15, RUE SOUFFLOT, 75005 PARIS

www.odilejacob.fr

ISBN : 2-7381-1822-4

PRÉFACE

Une école trop précoce

Boris CYRULNIK

L'enfance est un stade de développement biologique qui dépend étonnamment de l'idée que s'en fait la culture. Peut-être même l'histoire de l'éducation n'est-elle qu'une chronique des conceptions culturelles de l'enfance.

Dites-moi comment vous souhaitez élever votre enfant, et je vous dirai quelles sont les valeurs de votre culture.

Dans la Grèce ancienne, le maniement de la langue et des gestes de la main constituait la part essentielle des programmes scolaires. L'apprentissage de cette rhétorique attribuait aux jeunes une distinction sociale qui leur permettait de se reconnaître et de se partager les charges et les biens.

Quand les cités italiennes se sont développées à la Renaissance, l'école s'est adaptée à ce nouvel urbanisme. Les femmes ont quitté les champs pour rentrer à la maison, les hommes ont tenté l'aventure sociale et les enfants de riches ont été scolarisés par des précepteurs.

Au XIXe siècle, les femmes mouraient en moyenne à l'âge de trente-six ans et les veufs faisaient élever les petits orphelins à la campagne où on leur enseignait les « maximes du mariage ». L'affection était considérée comme une entrave ridicule et l'éducation ne s'occupait que des pressions de conformité.

Probablement, le XXe siècle sera caractérisé par trois phénomènes culturels : l'explosion technologique, les massacres de masse et l'incroyable expansion de l'école. En 1950, seulement 2 % de la population passaient le baccalauréat. Presque tous les enfants, dès l'âge de douze ans, après quatre ou cinq ans passés dans les écoles, apprenaient un métier ou allaient aux champs. Deux générations plus tard, 80 % des enfants réussissent un bac, et passent vingt-cinq années de leur vie à l'école ! Pourrait-on soutenir qu'un tel investissement n'aurait aucun effet sur le développement des enfants ?

En ce début de XXIe siècle, de nombreuses familles souhaitent scolariser leurs bébés dès l'âge de deux ans, juste au moment où explosent le langage et l'exploration du monde. Mais quand le socle affectif n'est pas encore en place, le monde est effrayant et le langage cafouilleux. Notre culture penserait-elle que c'est à l'école d'assumer ce que le foyer, la famille et le village n'ont plus le temps de faire ? Faudra-t-il pour s'adapter faire élever nos petits par des institutions d'État ?

Les familles d'aujourd'hui, structurées par nos nouvelles manières de vivre ensemble, n'organisent plus la solidarité au corps à corps des sociétés agricoles ou ouvrières. On s'entraide bien sûr, mais de loin, par un coup de téléphone affectueux ou un chèque d'aide familiale. L'échange n'est plus de même nature, il n'imprègne plus la même affectivité dans la mémoire de l'enfant. Dans un tel contexte, l'école à deux ans est une bonne solution pour que les parents s'adaptent aux nouvelles conditions technoculturelles, mais qu'en pensent les petits qui commencent à peine l'aventure de la marche, de la propreté, du langage et entreprennent tout juste la découverte du monde autour de leur mère ?

Beaucoup de bébés, en effet, améliorent leurs performances physiques et mentales quand ils vont à l'école à l'âge de deux ans. Mais ceux qui parlent le mieux et apprennent à se socialiser dans ce nouveau milieu sont justement ceux qui avaient auparavant acquis chez eux la base de sécurité qui leur a donné confiance. Les autres, les insécures, ceux dont les parents sont en difficulté affective ou sociale, ressentent l'école précoce comme un traumatisme supplémentaire. Ils régressent, inhibent leurs apprentissages, désordonnent leur langue et apprennent la peur des autres. Craintifs à l'école, ils souffrent à la maison de troubles sphinctériens, d'insomnies, de cauchemars et de troubles relationnels. Les mal-partis dans l'existence aggravent leur handicap, tandis que les protégés améliorent leurs performances.

Les chiffres confirment cette impression favorable, surtout dans les zones d'éducation prioritaires (ZEP) où de gentils et pauvres parents parviennent à sécuriser leur bébé, alors que leurs conditions de travail vident le foyer. Ces enfants de pauvres deviennent sécures chez eux parce que les parents ont su trouver un substitut sécurisant, une grand-mère, un grand-père ou une gardienne. Ces petits progressent à l'école précoce autant que ceux des quartiers riches. Disons que, dans l'ensemble, une moitié des enfants progressent à l'école à deux ans, tandis que l'autre moitié la ressent comme un traumatisme dont ils ne se remettront pas toujours. La majorité de ces petits blessés se recrutent dans les familles meurtries et les quartiers où il est difficile de vivre au quotidien. L'inégalité sociale en sera aggravée, même si un faible pourcentage d'enfants de

ZEP en sort un peu améliorés grâce aux écoles où un adulte peut s'occuper de huit enfants.

Le bilan immédiat est donc mitigé puisque 50 % des enfants s'améliorent, surtout les bien-partis, auxquels se sont ralliés quelques enfants sécures des quartiers difficiles. En revanche 50 % s'aggravent, surtout les mal-partis, auxquels s'adjoignent quelques enfants en difficulté affective dans les quartiers favorisés.

Le bilan à longue échéance pose un autre problème.

Quand la solidarité se réalise au corps à corps, comme dans les cultures peu technologiques, à faible protection sociale, où la sauvegarde est assurée par le couple, la famille et le village, l'identité est forte, elle est même imposée. Le père assigne le métier du garçon, le groupe social détermine les rôles sexuels. Alors que dans les cultures à forte technologie et à bonne protection sociale, l'identité parentale s'impose moins aux enfants. Dans un contexte où l'étayage parental est moins contraignant, les enfants confiants éprouveront l'école comme une liberté supplémentaire, alors que les insécurisés la ressentiront comme une prison. Et ce sentiment qui les façonne aggravera les inégalités de développement psychologique et social.

Une structure intermédiaire entre la crèche et la maternelle, à proximité du domicile familial, où huit enfants seraient étayés par un adulte sécurisant donnerait certainement de bons résultats, mais l'État aura-t-il la politique de telles institutions ?

Et, même dans ce cas favorable, l'attachement prendrait une autre forme, puisque les enfants apprendraient à aimer de manière plus distante, plus superficielle, comme nous y invitent nos progrès techniques et culturels.

Ce problème mérite une réflexion, sans doute.

INTRODUCTION

Respecter le temps du bébé

Claire BRISSET

Qu'est-ce qu'un bébé ? La question peut paraître étrange, assurément. Le sens commun lui apporte quelques réponses immédiates. Bien sûr, un bébé ne sait ni parler ni marcher... Définitions négatives qui viennent opportunément à l'esprit. Mais, à bien y réfléchir, quelles peuvent en être les *autres* définitions ? Celles qui ne s'inscrivent pas en creux dans notre imaginaire ? Celles qui s'imposent à nous tout autrement ?

Un bébé, c'est un être humain, si inachevé soit-il. Il est reconnu comme tel par le droit, et comme tel, bénéficie des mille et une protections – judiciaire, administrative, sociale – qui s'attachent à sa qualité de personne humaine. Il a un nom, une nationalité, une identité, il peut hériter, posséder des biens, bref il s'inscrit dans une chaîne générationnelle.

Mais il lui est reconnu une singularité : son besoin de protection particulière, lié à son état d'inachèvement. Se pose alors la question : jusqu'à quand le petit d'homme est-il un bébé ?

Et c'est là qu'interviennent, non plus les juristes, mais les spécialistes du développement du petit enfant, ceux-là mêmes qui nous disent que cette période très particulière de la vie humaine se prolonge jusqu'aux environs de trois ans. Bien sûr, certains enfants, plus précoces que les autres, auront acquis quelques mois plus tôt des fonctions telles que le langage ou la propreté, par exemple, qui leur feront quitter plus tôt qu'à d'autres le temps du bébé pour les faire entrer dans celui de l'enfance.

Mais ceux-là sont rares. Et une conception réellement protectrice de cette période fondamentale de la vie doit évidemment être aussi large que possible, de manière à englober toute la classe d'âge. Pour résumer, le temps du bébé, ce sont les trois premières années de la vie.

Un grand nombre des questions que se posent les spécialistes sur cet âge de la vie est rassemblé dans cet ouvrage[1]. Tous ces auteurs, quels que soient leur champ d'activité et leur approche du petit enfant, nous montrent à quel point il est essentiel de préserver, de protéger cette étape de l'existence. Qu'ils soient psychiatres, enseignants, linguistes ou pédiatres, tous ceux qui s'expriment dans ce livre insistent sur le caractère essentiel de cette tranche d'âge, sur son rôle crucial dans la construction de la personnalité, en particulier, bien entendu, la période deux-trois ans. Certains décrivent même la troisième année de la vie comme une « première adolescence » puisque c'est l'âge de l'opposition, un âge au cours duquel le tout-petit « se pose en s'opposant », déjà. Tous ceux qui s'expriment dans cet ouvrage nous rappellent qu'entre deux et trois ans, le bébé accomplit ce travail psychique fondamental

1. L'Association française de psychiatrie, à l'initiative de son président, le Dr Christian Vasseur, a organisé à l'Assemblée nationale, le 1er avril 2005 une journée de réflexion sur « La scolarisation précoce, une fausse bonne idée ? ». Une partie des communications de cette journée est publiée dans ce livre.

qui lui permet de comprendre qu'il est une personne distincte de ceux qui l'ont fait naître, en particulier de sa mère. Une prise de conscience qui s'accompagne de l'acquisition progressive du langage, ce langage par lequel il apprendra à se désigner lui-même, puis à se penser comme une personne.

Ce temps-là est-il compatible avec la scolarisation, au sens où nous l'entendons aujourd'hui, c'est-à-dire une situation de type didactique, scolaire, si « aménagée » soit-elle à l'usage des tout-petits ? Cette question, je ne me l'étais jamais posée avant de travailler de manière très approfondie sur de tels thèmes, lorsque j'ai décidé que le rapport 2003 de l'institution du Défenseur des enfants porterait sur l'école.

Jusqu'à ce moment, je croyais, moi aussi, que, puisque la loi en France autorise la scolarisation des enfants dès l'âge de deux ans, c'est qu'une telle solution était à la fois utile pour eux et profitable à la société.

J'ai alors été alertée par des linguistes, des pédopsychiatres, des spécialistes du développement de l'enfant, des pédiatres et un certain nombre d'enseignants, sur les risques liés à la pratique de la scolarisation précoce, des risques qu'ils constataient dans leur exercice quotidien, sur lesquels ils avaient réfléchi et que notre société avait alors scrupuleusement sous-estimés.

Ces temps sont révolus. Lorsque l'on constate que la scolarisation des enfants de deux à trois ans, pour l'immense majorité d'entre eux, peut porter préjudice à leur construction psychique, à leurs acquisitions linguistiques, à leurs exigences de sécurité interne, à leurs besoins incompressibles de sommeil, à leur soif immense de contacts avec des adultes, pour ne citer que ces exemples, on comprend immédiatement que ces exigences ne peuvent être satisfaites par l'école, telle qu'elle fonctionne actuellement pour ce groupe d'âge et qu'il faut se tourner vers d'autres formules, plus respectueuses du très jeune enfant. L'école maternelle, dans sa configuration actuelle, ne peut pas répondre à de telles exigences.

L'école maternelle, que fréquentent en France 99 % des enfants, est un bien culturel et social absolument inestimable. Elle leur donne les moyens de se socialiser, elle les encadre, les accompagne, d'une manière telle qu'elle est l'un des acquis fondamentaux des décennies de l'après-guerre, et le demeure, contre vents et marées. C'est bien pourquoi il faut la maintenir et en préserver la spécificité.

Mais elle n'est pas adaptée aux bébés de deux à trois ans, dans leur immense majorité, et ce pour diverses raisons. Les enseignants de l'école maternelle ne reçoivent pas la formation spécialisée que requiert ce groupe d'âge. Il n'est pas question de leur en faire grief, c'est ainsi : les enseignants de l'école maternelle sont... des enseignants, à qui n'ont été dispensées au cours de leur formation qu'une douzaine ou une quinzaine d'heures d'enseignement propre à l'école maternelle, et aucune formation particulière pour la tranche d'âge des deux-trois ans.

Les classes, d'autre part, sont-elles réellement adaptées ? Elles se composent de vingt à trente enfants, encadrés par un ou un(e) enseignant(e), assisté(e) d'un agent[2] qui circulera, dans sa journée, entre plusieurs classes. La soif de contact des tout-petits avec les adultes ne sera jamais étanchée. Leurs exigences de sommeil non plus, surtout pour ceux que l'on aura confiés à une garderie

2. « Agent territorial spécialisé des écoles maternelles ». La « spécialisation » de ces personnels est des plus réduites, ce que nombre d'entre eux regrettent.

avant l'ouverture ou après la fermeture de l'école. Certains de ces tout-petits passent donc dix à douze heures chaque jour en collectivité, en dehors du cadre rassurant de leur maison, au sein d'un vaste groupe de pairs, et encadrés par très peu d'adultes.

Si cette « solution » n'en est pas une, dira-t-on, que faire ? D'abord s'interroger sur les raisons qui poussent les familles à recourir à l'école, alors que leurs enfants sont encore si jeunes. Dans de très nombreux cas, cette scolarisation précoce n'est adoptée que par défaut d'une autre formule d'accueil et non pas par choix véritable. D'autre part – et cet élément pèse d'un poids très lourd –, l'école est gratuite, contrairement aux autres modes d'accueil qui peuvent être très onéreux. L'entrée massive des femmes dans le monde du travail, irréversible notamment en France, impose la recherche de véritables solutions à cette question.

La France est le seul pays industrialisé, mis à part quelques cas isolés en Belgique francophone, qui ait opté pour la scolarisation des tout-petits de deux à trois ans. Ailleurs, comme en Allemagne, les jeunes mères renoncent très fréquemment à exercer un emploi. Outre-Rhin, 40 % des femmes diplômées de l'enseignement supérieur et qui souhaitent travailler en dehors de leur foyer, renoncent à avoir des enfants. On a là l'existence d'un véritable contre-modèle : la stigmatisation du travail des femmes, que ce travail relève d'un choix, de la nécessité ou ce qui est fréquent des deux à la fois, est évidemment inadmissible pour les femmes comme pour l'ensemble de la société.

Ce n'est donc pas dans cette direction qu'il faut chercher. La stigmatisation du travail féminin en raison de la maternité paraît heureusement exclue dans la société française, et telle est sans doute l'une des raisons pour lesquelles la courbe démographique de la France parvient à se maintenir à un niveau relativement élevé.

Il faut donc chercher ailleurs des solutions et rompre avec l'idée, parfois avancée selon laquelle un enfant « est toujours mieux » à l'école, même à deux ans, que dans une famille où il n'est pas stimulé, comme je l'ai parfois entendu. Une telle affirmation n'est pas non plus réaliste : la solution, ce n'est pas l'école *ou* la famille, encore que la stigmatisation de la famille soit aussi inadmissible que la dénonciation du travail féminin. La solution, c'est un mode d'accueil adapté.

Il faut donc sortir de cette logique binaire et revenir à quelques notions claires.

La première est que l'école n'est pas une garderie, elle n'est pas conçue ainsi et ce n'est pas son rôle.

La seconde est que la tranche d'âge des enfants de deux à trois ans requiert des conditions d'accueil que l'école, en son état actuel, ne peut pas leur fournir : de très petits groupes d'enfants – pas plus de dix –, des adultes en nombre suffisant et formés à cette tâche, des conditions matérielles qui autorisent aussi bien le sommeil que le jeu, des repas adaptés, etc.

Pour cela, chacun s'accorde à dire que les crèches, jardins d'enfants, classes passerelles, etc., correspondent très exactement aux besoins de ces enfants. Le seul problème, et il est de taille, porte un nom : la pénurie.

Pénurie de places, pénurie de moyens, pénurie d'investissements humains et matériels.

Et aussi, peut-être, le fait que tous les financeurs se soient trop longtemps reposés sur l'école pour éviter d'investir dans ce domaine, par définition exigeant et délicat.

En résumé, il est temps d'envisager aujourd'hui des changements considérables dans notre façon d'appréhender cet âge de la vie. Il est temps de renoncer à cette sorte de cécité qui a fait oublier, ou passer sous silence, les besoins très particuliers de ces petits d'hommes, à cet âge de leur vie.

Entre deux et trois ans, ils sont encore, nous avons tous été, des bébés.

CHAPITRE 1

La maîtrise linguistique, un enjeu essentiel qui dépasse l'école

Alain BENTOLILA

Le propre de l'homme

Un nombre assez considérable de recherches a tenté, durant ces vingt dernières années, non pas seulement d'analyser les modes de communication de certaines espèces animales mais aussi de démontrer qu'il était possible de leur apprendre à communiquer avec nous et comme nous. Pour pallier leur incapacité à articuler les sons des langues humaines, on a le plus souvent utilisé la langue des signes. Ce qui anime ces recherches, c'est l'idée, devenue politiquement correcte, qu'il y aurait une sorte de continuité entre les capacités de communication humaine et celles auxquelles peuvent prétendre les espèces animales les plus évoluées. La différence entre la langue des hommes et les « langues » animales tiendrait alors à un « déficit phonatoire » qui ne permettrait pas à l'animal de réaliser nos prouesses articulatoires. Il suffirait donc de donner au singe un système de communication par signes inspiré de celui des humains sourds pour qu'ils entrent dans le cercle du verbe jusqu'ici réservé aux seuls êtres humains. Je dois, tout d'abord, avouer que l'utilisation de la langue des signes dans la plupart de ces recherches me gêne quelque peu. Créé pour permettre à l'homme sourd de communiquer avec d'autres hommes, son usage avec les singes me semble suspect. Mais, au-delà de ce transfert ambigu, qui réduit considérablement la valeur sémiologique et la puissance de communication de la langue humaine des signes, la vraie question est la suivante : « Y a-t-il ou non un écart essentiel et irréductible entre le verbe humain et les modes de communication animale aussi évolués soient-ils ? » À cette question, je répondrai sans l'ombre d'une hésitation : oui ! Aucun des résultats de toutes les recherches que j'ai analysés n'a réussi à ébranler cette conviction.

Cet écart n'est pas simplement d'ordre quantitatif ; il ne se résume pas au fait que les singes utilisent un nombre de signes moins important et des combinaisons moins complexes. Ce qui importe c'est que, quelles que soient les sollicitations auxquelles on les soumettra, quel que soit le code qu'on leur inculquera, les animaux se contenteront de communiquer le reflet le plus fidèle et le plus immédiat de la réalité qu'ils perçoivent. La communication animale, dont il n'est aucunement question de nier l'existence, se limite à transmettre ce qui est vu, entendu, senti ou désiré. Les abeilles comme les grands singes n'ont ni l'ambition ni les moyens d'évoquer un monde dont leurs sens n'attestent pas immédiatement et directement l'existence. En d'autres termes, ce que l'on appelle improprement « langage animal » n'est en fait qu'un instrument qui peut certes désigner, indiquer, avertir ou demander, mais qui en aucun cas n'a ce pouvoir propre à l'humain de *créer par le verbe un monde que jamais leurs yeux n'ont vu ni ne verront :* c'est certes plus qu'un geste, mais en aucun cas une langue. Le fait qu'un singe soit effectivement capable de mémoriser plusieurs centaines de signes humains de nature idéographique ou gestuelle, qu'il soit capable d'en combiner certains, n'est qu'une performance de dressage et de conditionnement. La vraie question se pose à propos de ce qu'il aura l'ambition d'en faire, c'est-à-dire des enjeux qu'il va assigner à son acte de communication. C'est sur ce point que l'écart avec l'être humain s'avère irréductible et essentiel.

Le pouvoir du verbe

Toutes les langues humaines ont la même ambition : permettre à l'homme et seulement à l'homme d'être l'interprète du monde et non d'en être le miroir fidèle. Par la parole, l'homme est du côté des créateurs et non des créatures. Le monde parlé n'est pas le monde perçu, c'est le monde transformé par le pouvoir de l'intelligence humaine ; c'est un monde que l'homme soumet au pouvoir de sa pensée ; il le crée en le disant, il n'en rend pas un compte exact.

La langue humaine donne sens à ce qui sans elle ne serait que formes. J'ai le souvenir d'une expérience que me raconta mon collègue et ami, Yves Quéré[1] : la scène se passe dans une école maternelle avec une petite dizaine d'élèves de quatre ans environ. Dans le courant de la journée, toutes

1. Professeur à Polytechnique, promoteur de « La main à la pâte ».

les heures, la maîtresse demande à Sophie de se planter au milieu de la cour et chaque fois on dessine sur le sol le contour de l'ombre de Sophie. Ainsi, à mesure que s'égrènent les heures, se succèdent les traces qui rappellent les différentes positions de l'ombre projetée. Lorsqu'ils les examinent à la fin de la journée, la plupart des enfants disent : « C'est une fleur. » Ils parlent de ses pétales ; pour les uns, il s'agit d'une « rose », pour d'autres, d'une « marguerite ». La maîtresse ne se satisfait pas de la réponse ; elle incite à la réflexion, rappelle comment l'on a obtenu ces traces successives, s'interroge sur ce qui a pu produire un tel dessin. Et une petite fille ose enfin dire avec la timidité de celle qui a eu l'audace de regarder derrière le rideau : « Maîtresse, c'est parce que ça a tourné. »

Mue par une « poussée pédagogique » donnée par une maîtresse exigeante et disponible, cette petite fille a dépassé le simple constat ; elle ne s'est pas contentée de mettre un mot sur une apparence ; elle a décidé de tenter de s'engager dans cette quête propre à l'humain de *savoir pourquoi les choses sont ce qu'elles sont*. Et c'est sa langue qui le lui a permis, passant du substantif : « C'est une fleur » au verbe : « Ça a tourné ». Identifier une forme en la nommant ne suffisait pas ; comprendre ce qui l'avait générée supposait que l'on passât de la simple désignation d'une forme à l'évocation du processus qui fut à l'œuvre pour la concevoir. Pour franchir ce palier décisif, il fallait mobiliser des outils linguistiques différents : abandonner le substantif (fleur) au profit du verbe (tourner). Plus tard, viendra un concept : la rotation.

La langue donne ainsi à ceux qui y sont justement et sereinement initiés un merveilleux pouvoir : celui d'aller au-delà des apparences afin de concevoir une représentation du monde éclairée par leur intelligence. Ainsi, quand Nicolas Copernic, au milieu du XVIe siècle, soutient que la

Terre tourne autour du Soleil mais aussi sur elle-même, il ne décrit rien, il ne rend compte de rien de ce qu'il perçoit. Aucun instrument ne lui permet de constater les mouvements dont il affirme la réalité. Les preuves n'en furent apportées que par Kepler et Galilée ; par ce dernier notamment qui construisit une lunette d'approche qui lui permit de découvrir les phases de Vénus que Copernic avait prévues. Seul, le verbe porta et manifesta une pensée qui s'opposait à la certitude de tous ceux qui voyaient, de leurs yeux, le Soleil se déplacer au-dessus de leur tête. Pouvoir formidable du verbe humain d'imposer, contre l'évidence du « perçu », une représentation qui privilégiait l'explication audacieuse sur le simple constat !

Dans un élan d'imagination et de rigueur mêlées, la langue porte et diffuse la pensée scientifique. C'est dans le même élan qu'elle ouvre à la poésie les portes de l'imaginaire. Écoutons Paul Éluard qui nous dit que « la Terre est bleue comme une orange » et qui ajoute pour bien insister sur la puissance des mots : « Jamais une erreur, les mots ne mentent pas. » Et si les mots de la langue ne mentent pas, c'est bien parce que sa grammaire permet d'imposer aux autres une pensée singulière qui n'a d'autres limites que celles qu'elle s'impose.

Transmettre les droits et les devoirs de la communication

C'est à la fois le goût du pouvoir linguistique mais aussi la conscience des responsabilités qu'il impose qui constituent les enjeux essentiels de la transmission et de la médiation. *La conquête du pouvoir du verbe de même que son juste exercice ne peuvent s'apprendre en l'absence d'un adulte disponible alliant une grande bienveillance à une forte exigence.*

Le tout jeune enfant, quand il commence à faire ses premières armes linguistiques, va s'adresser à des gens qui le connaissent fort bien et qu'il connaît fort bien, pour leur dire des choses que ces gens savent déjà, ou qui sont là, offertes à leur vue. Les premières armes linguistiques se font donc dans un cercle très étroit où ceux à qui on s'adresse sont connus, et ce que l'on dit est tout aussi connu. La question qui va se poser à ce petit enfant qui va grandir est de parvenir à quitter ce cercle étroit de la connivence et de la familiarité pour donner à son langage une tout autre ambition : celle de pouvoir s'adresser à des gens qu'il ne connaît pas pour leur dire des choses que ces mêmes gens ne savent pas encore. Il s'engage donc dans une démarche où son langage va devoir porter une charge de plus en plus lourde d'inconnu et la porter de plus en plus loin. Mais pour atteindre ces rivages encore vierges, c'est-à-dire là où il va s'adresser au plus étranger parmi les étrangers pour lui dire les choses les plus étranges possibles, il lui faudra des moyens linguistiques de plus en plus puissants. Comme disait Gilles Deleuze, il faut « pousser la langue jusqu'à ce qu'elle bégaie », c'est-à-dire la pousser jusqu'à ses derniers retranchements ; c'est en effet à ce moment-là que l'on fait honneur à la langue, qu'on la place au niveau où elle doit être. Pour atteindre cette fonction du langage, qui est celle de la distance et du défi à l'inconnu, il faut bénéficier de l'apport à la fois très bienveillant et très exigeant d'adultes qui, de proche en proche, vont offrir cette phrase toute simple et tellement essentielle : « Je ne t'ai pas compris, mais je veux te comprendre. »

« Je ne t'ai pas compris », dira la mère ou le père. Cela veut dire : « Il m'importe de te comprendre. » Cela veut dire aussi : « Je ne suis pas toi. » Cela signifie : « Aussi proche que je sois de toi, tu sais des choses que je ne sais pas » ; et la langue est justement faite pour apporter à l'autre ces choses qu'il ne sait pas. C'est cette question essentielle qui est en œuvre tout au long de l'apprentissage du langage. C'est cette question essentielle qui va permettre à l'enfant de gagner un peu de pouvoir à travers l'usage de la langue.

Je vais prendre l'exemple de la petite Tiphaine (trois ans à peine) qui propose à sa mère de lui raconter une histoire. La petite raconte son histoire :

« Voilà, ils l'ont prise, ils l'ont emmenée et ils l'ont enfermée là-bas. Heureusement, les autres l'ont vue et sont venus la délivrer, et, enfin, il l'a épousée. »

La mère prend la décision de lui dire : « Ma petite Tiphaine, je n'ai pas compris grand-chose à ton histoire » ; et la petite en conçoit de l'irritation. Car les enfants n'aiment pas qu'on leur dise qu'on ne les comprend pas. Ils ont toujours l'impression que leur mère sait ce qu'ils savent, et que si elle ne les comprend pas c'est parce qu'elle y met de la mauvaise volonté. Passé cette irritation, la maman lui explique : « Je ne t'ai pas comprise parce que je n'étais pas là quand l'histoire t'a été racontée. Alors je ne sais pas qui sont ceux qui l'ont enlevée, où ils l'ont emmenée, et qui l'a épousée. » Tiphaine, petit à petit, lui explique que c'étaient les méchants lutins et le dragon qui avaient enlevé la princesse, qu'ils l'avaient enfermée dans une caverne, que le roi et le prince l'avaient délivrée, et qu'enfin le prince l'avait épousée.

Dans la soirée, lorsque son père va rentrer (on peut bien sûr intervertir les rôles), Tiphaine va lui raconter son histoire. Elle aura l'immense satisfaction de constater que son père ne lui dira pas : « Je ne t'ai pas comprise. » Elle se rend ainsi compte que les efforts qu'elle avait produits pour utiliser les formes anaphoriques judicieuses, des déictiques pertinents n'avaient pas seulement pour but de faire plaisir à sa mère ; cela lui permettait de laisser sur l'autre une trace qu'elle n'aurait pas laissée autrement et qui n'appartient qu'à elle. Elle a exercé sur son père son pouvoir de parole : il est arrivé ignorant, elle l'a rendu savant ; c'était certes un savoir modeste, mais sa juste transmission justifiait les efforts fournis.

Il faut qu'un adulte aide l'enfant à comprendre qu'adresser un message à quelqu'un ne se résume pas à l'inviter à regarder un spectacle qui se trouve dans sa propre tête. Il faut lui montrer que communiquer exige que l'on maîtrise le débit d'une source d'informations qui doit s'adapter à une situation spécifique et à un partenaire singulier sur lequel on exerce certes un pouvoir mais envers lequel on a des devoirs.

Lorsque l'on parle d'une « langue maternelle », on signifie non seulement qu'il s'agit d'une langue *parlée par* sa mère mais bien plus encore d'une langue *apprise de* sa mère. « Passer la parole » à son enfant, c'est lui faire comprendre que l'on prend avec lui les distances indispensables à l'apprentissage de la communication ; c'est imposer une séparation des intelligences et reconnaître la singularité de chacune d'elles. Mais c'est aussi lui dire que cet écart intellectuel nécessaire ne met pas en cause l'amour qu'on lui porte, bien au contraire ! Passer la parole à son enfant consiste à lui montrer qu'il sait déjà des choses que sa mère ignore et qu'elle serait heureuse de savoir. Lorsqu'une mère transmet à son enfant les armes du pouvoir linguistique, elle lui montre l'ambition qu'elle a pour lui. Elle l'invite à exercer ce pouvoir d'abord sur elle, mettant ainsi entre eux une distance propice au tissage de liens plus solides et plus explicites.

Y a-t-il une urgence scolaire ?

Il y a peu de temps, la maman d'un bébé d'une quinzaine de mois m'interrogea dans les termes suivants : « J'ai lu récemment un livre d'un auteur américain qui disait que les enfants surdoués apprenaient à lire très tôt ; dès deux ans, et certains avant. » Elle poursuivit, levant vers moi des yeux pleins d'espoir : « Est-ce que vous pensez qu'il faudrait que je commence à apprendre les lettres à Julie... juste comme ça, pour voir. » Cette maman, par ailleurs aimante et attentive, encouragée par des articles et des livres sans aucun fondement scientifique, avait fait le raisonnement suivant : « Puisque les surdoués apprennent à lire plus tôt que les autres, si j'apprends à lire très tôt à mon enfant, peut-être en révélerai-je ainsi la précocité intellectuelle que je soupçonne et espère. »

Aujourd'hui, le temps est à l'impatience ; aussitôt nés, il faut cultiver activement leurs jeunes intelligences, développer énergiquement leurs capacités logiques et attiser leurs appétits artistiques. Très tôt, il faut les précipiter dans des activités éducatives et culturelles afin de multiplier leurs chances de réussite et parfois pour se dédouaner de ne pas leur consacrer toute l'attention et la disponibilité auxquelles ils ont droit. *Impatience éducative* et *déficit de la médiation familiale* sont sans doute à l'origine de la scolarisation de plus en plus précoce des enfants.

Une des mutations les plus importantes de notre société tient au fait que les familles sont amenées à confier beaucoup plus tôt qu'auparavant leurs enfants à d'autres. Il ne s'agit pas de le déplorer ; il est vain de regretter avec nostalgie l'heureux temps où tous les petits enfants bénéficiaient plus longtemps de la chaleur du foyer familial. La seule question qui mérite d'être posée est la suivante : comment assurer, à un moment crucial du développement d'un enfant, une qualité d'accueil et d'accompagnement qui lui donne les meilleures chances d'épanouissement ?

Parlons clair ! La conquête par les femmes des postes de responsabilités au plan professionnel, associatif et politique est sans aucun doute la meilleure chose qui pouvait arriver à notre société tout entière. Encore faut-il que cette émancipation soit accompagnée de mesures sociales telles qu'une mère ne soit pas déchirée entre des obligations professionnelles exigeantes et sa volonté de donner à son enfant le temps d'affection, d'écoute et de compréhension qu'elle sait indispensable. Nous, pères, maris ou compagnons, n'avons pas voulu ou su compenser la juste prise de responsabilités de nos compagnes ; dans la plupart des cas, nous n'avons rien ou très peu changé à nos ambitions professionnelles et à nos habitudes de vie. Et, pour couronner le tout, les grands-parents, en bien meilleure forme qu'auparavant et beaucoup plus sollicités, sont moins disponibles et ne peuvent apporter à leurs petits-enfants cette présence rassurante et apaisante de la « génération d'avant ». À ce propos, j'ai la conviction que l'accélération de l'obsolescence des mots aujourd'hui est certainement due au fait que les grands-parents ont, moins qu'auparavant, l'occasion de passer leurs mots plus anciens à leurs petits-enfants.

En bref, nous vivons une époque où la *médiation familiale, pour les meilleures raisons du monde, s'affaiblit au moment où justement l'enfant en a le plus besoin*. La question qui se pose alors est : Qui prend le relais ? Ou, en d'autres termes, que fait-on des enfants de deux ans ?

Avant de vous dire ma façon de penser sur l'accueil des enfants de deux ans à l'école, je voudrais dire combien il m'apparaît injuste et scandaleux qu'une femme ne puisse pas conjuguer avec sérénité son travail et son rôle de mère. Au lieu d'avoir octroyé à tous les Français des loisirs supplémentaires à travers la loi limitant le temps de travail à 35 heures, j'aurais aimé que l'on fasse un effort significatif pour permettre aux mères (ou aux pères d'ailleurs) de jeunes enfants de partager leur temps entre leur profession et l'éducation de leurs petits, et ce, avec l'assurance totale que ce partage ne nuirait en rien à l'avancement de leur carrière. On ne peut pas condamner un enfant de deux ans à ne voir sa mère qu'une heure à peine par jour pendant la semaine ; on ne peut pas condamner une mère à laisser toute la journée son enfant à des gens qui n'auront que peu de temps à lui consacrer. Il est bien beau de parler de parité, mais si cette juste cause n'est pas portée par des mesures qui garantissent aux femmes un équilibre serein entre maternité et responsabilité professionnelle, elle restera un simple mot d'ordre et cachera mal une très profonde injustice.

Lorsque l'école a décidé de « laisser venir à elle les petits enfants de deux ans », elle n'avait ni les lieux, ni surtout les femmes et les hommes capables d'accompagner les tout-petits dans leur développement linguistique, psychologique et affectif. Mais, il faut le reconnaître, elle a répondu légitimement à une demande sociale, urgente et forte, qu'aucun organisme ne prenait en charge. Encore eût-il fallu que les responsables de l'Éducation nationale comprennent qu'ils endossaient là une responsabilité majeure et qu'il était extrêmement grave de « faire avec les moyens du bord ». Ils n'ont pas pris conscience – ou n'ont pas voulu prendre conscience – que la mission nouvelle que l'on assignait à l'école maternelle exigeait que l'on transformât en profondeur les lieux et les modalités d'accueil des tout-petits.

L'école maternelle constitue en effet le poste avancé de l'éducation et reçoit de plein fouet le choc de l'insécurité linguistique. C'est elle qui d'emblée a le devoir de donner sens au désordre et au tumulte du monde ; c'est elle qui veille à l'entrée de ce vaste champ de la signification dans lequel l'école de la République invite le jeune enfant à entrer de plus en plus tôt. Elle doit aujourd'hui ouvrir les premiers chemins à ceux qui ont un urgent besoin qu'on leur dévoile le sens de leur rapport au monde. Elle constitue pour bien des enfants la seule et parfois la dernière chance de nouer avec la langue de justes et saines relations. Leur langage oral, forgé dans un contexte familial de silence et d'indifférence, s'est cantonné à des usages de désignation, de constat ou de demande. Ce langage oral, limité en moyens et en ambition, est à cent lieues du langage écrit que les textes vont les obliger à affronter. Si l'on ne veut pas laisser sur le bord du chemin ceux qui ont décidé que le langage était plutôt une menace qu'une promesse, l'école maternelle, doit faire de la juste distribution du pouvoir linguistique son objectif principal.

Nous devons donc avoir pour l'école maternelle française une grande ambition : elle doit réhabiliter au plan sémiologique et culturel une part importante des enfants qui lui sont confiés et changer ainsi pour beaucoup leur destin scolaire. C'est bien pour cela qu'il nous faut affirmer avec force que l'école n'apporte pas actuellement une réponse satisfaisante et honorable à des enfants de deux ans qui sont à un moment crucial de leur développement linguistique.

Comment peut-on en effet imaginer que trente enfants réunis dans une salle de cinquante à soixante mètres carrés, confiés aux bons soins d'une institutrice qui n'a pas été formée pour cela, puissent trouver des conditions favorables à leur développement psychologique, linguistique et social ? L'école fournit ainsi une très mauvaise réponse à une vraie question posée par de profondes mutations culturelles et d'importantes transformations dans l'organisation familiale. On nous dira que certains enfants de deux ans sont plus à l'abri dans une salle de classe que dans un milieu familial où les menacent indifférence ou maltraitance. Certes ! Mais l'école ne peut être qu'exceptionnellement et ponctuellement un lieu d'asile ; elle ne doit en aucune façon institutionnaliser cette fonction qui ne concerne d'ailleurs (et fort heureusement) qu'une toute petite minorité d'enfants.

Dans ces conditions, les dangers d'une scolarisation généralisée des enfants de deux ans sont sérieux notamment en ce qui concerne le destin linguistique de ces enfants. Pour avancer sur le chemin de la maîtrise du langage, un enfant a absolument besoin qu'un adulte lui fasse progressivement découvrir ce que parler veut dire et comment s'approprier les outils du langage. Bienveillant et exigeant, le médiateur adulte analysera les échecs et les impasses et les transformera en conquêtes nouvelles. Il fournira peu à peu les moyens linguistiques nécessaires (vocabulaire, syntaxe...) pour que le jeune enfant puisse élargir le cercle des gens à qui il s'adresse et le cercle des choses à dire. Or – et c'est là le danger de l'école à deux ans – ces jeunes enfants, groupés à trente avec une adulte qui pare au plus pressé de leurs besoins élémentaires, sont *condamnés à apprendre à parler avec leurs pairs*. Leur apprentissage s'effectue principalement (six à huit heures par jour) avec d'autres enfants de deux ans. On ne s'étonnera pas ensuite de l'insécurité linguistique dans laquelle se trouvent certains enfants, et notamment ceux qui ne trouvent pas à la maison l'accompagnement attentif d'un adulte qui saura, lorsqu'il le faut, lui dire qu'il ne l'a pas compris mais qu'il existe des moyens linguistiques de se faire comprendre. Car l'école à deux ans n'est pas la même pour tous : qu'y a-t-il de commun entre un petit enfant que sa mère dépose la mort dans l'âme à sept heures et demie le matin pour le récupérer à dix-huit heures et celui qui ne passe à l'école qu'une demi-journée de temps en temps ? C'est pour le premier que la proposition actuelle de l'école est terriblement insuffisante.

Ni le calcul cynique qui pousse certains à vouloir compenser une baisse démographique par une scolarisation précoce, ni l'indignation légitime devant la détresse et les dangers courus par certains enfants ne justifient la création hâtive de cet espace éducatif de mauvaise qualité.

Il n'est évidemment nullement question de demander que l'on supprime brutalement l'accueil des enfants de deux ans à l'école ; ce serait rendre encore plus difficile la situation des mères et surtout de celles qui ne disposent pas des moyens suffisants pour envisager d'autres formes de garde. L'imprévoyance et le manque de sensibilité sociale de nos décideurs politiques ont mis l'école en demeure d'apporter une réponse éducative massive aux besoins des enfants de deux ans sans qu'on lui en donne vraiment les moyens et alors que ce n'est pas là sa véritable vocation. Alors, puisqu'elle est aujourd'hui la seule porte ouverte aux mères en mal de garde d'enfants, exigeons au moins que l'on traite convenablement ces petits enfants : des lieux spécifiquement construits et aménagés pour ces tout-petits ; un effectif qui ne doit en aucun cas dépasser huit enfants par classe ; une formation appropriée donnée aux enseignants qui se dévoueront à cette mission. Parallèlement, créons des crèches en nombre suffisant ; proposons de vraies et justes mesures sociales pour permettre aux pères et aux mères de mieux accompagner les premières années de la vie de leurs enfants sans en payer le prix fort en matière de carrière professionnelle ; trouvons avec les communes une distribution complémentaire raisonnable entre temps éducatif et temps de garde. Et surtout, surtout que l'on ne nous parle pas du coût insensé de telles mesures ; toute allusion de cet ordre serait indigne quand le destin linguistique, culturel et social de nos enfants est en jeu.

CHAPITRE 2

L'accueil de l'enfant de deux ans à l'école maternelle entre devoirs, vouloir et pouvoir

Martine A. PRETCEILLE

Crises, scandales, « scoops », dénonciations, culpabilisation, situations d'urgence, recherche du sensationnel et du spectaculaire... tels sont les registres sur lesquels sont actuellement abordés les problèmes de société quels que soient leur nature et les domaines concernés. Si on ne compte plus les secteurs touchés par cet esprit de polémique et de négativité, force est de constater des silences. La place et l'accueil du tout petit enfant sont au nombre des secteurs « muets » et oubliés.

Faut-il attendre une situation de non-retour, une impasse, une catastrophe pour que des interrogations soient posées ? L'absence de réflexions prospectives et d'anticipation dans ce secteur risque de déboucher sur des initiatives qui relèveront davantage de l'ordre de la réaction et non de l'action avec son lot d'approximations, de colmatages, de solutions trop rapides et donc mal maîtrisées qui ne pourront s'inscrire dans le long terme.

Rattachée au ministère de l'Éducation nationale, l'école maternelle se définit comme une école. En effet,

« la scolarité à l'école maternelle est certes particulière, mais c'est bien une scolarité[1] ». Elle voit ses missions, non pas remises en question mais largement interrogées par l'abaissement progressif de l'âge d'accueil : quatre, trois puis maintenant deux ans. Dès le début des années 1980[2], on s'interrogeait déjà pour savoir si l'idée de la scolarisation était compatible avec les besoins d'un enfant de deux ans, mais les débats sont restés discrets et n'ont pas été l'occasion de débats publics ouverts.

Les conditions matérielles de l'accueil, caractérisées par la vie en grand groupe sous la responsabilité unique d'un enseignant, constituent-elles des conditions optimales pour de si jeunes enfants ? L'Éducation nationale peut-elle, doit-elle assurer à elle seule cette préscolarisation des très petits ? Quels sont, quels doivent être les rôles respectifs des parents, des institutions, des collectivités territoriales ? L'institutionnalisation de plus en plus forte de l'éducation *via* l'école maternelle est-elle la seule réponse possible à la demande sociale ? La réponse en termes de scolarisation est-elle une réponse maîtrisée au sens où elle correspond à une volonté délibérée ou n'est-elle qu'une forme de non-réponse, « faute de mieux » ? Autant de questions qui à l'époque n'ont pas fait l'objet de polémiques et en tout état de cause n'étaient pas taboues. Aujourd'hui, au moment où la question du lien entre des conditions d'une éducation de base et des troubles du comportement chez les adolescents est posée, il est nécessaire de relancer un large débat.

---

1. Ministère de l'Éducation nationale, (1986) *L'École maternelle, son rôle, ses missions*, Paris, CNDP.
2. *Cf.* Colloque ANPASE (Association nationale des professionnels et acteurs de l'action sociale, médico-sociale et sanitaire en faveur de l'enfance et de la famille), sur la petite enfance. Enfants de zéro à six ans, acteurs de mondes en changement, Rouen, 14-17 juin 1988.
(1983) *Quelle école maternelle pour les enfants de deux ans ?*, CNDP/CRDP Clermont-Ferrand.

Injonctions contradictoires et malentendus

Héritière des salles d'asile, l'école maternelle a progressivement développé ses fonctions éducatives au détriment de celles de garde. Cette évolution ne risque-t-elle pas d'être remise en question du fait de l'accroissement de la demande de scolarisation compte tenu du coût, par ailleurs élevé des autres solutions comme la crèche et les assistantes maternelles et du fait d'une offre de garde très insuffisante dans certaines régions de France ? Si l'école maternelle élargit l'éventail de sa pyramide d'âge pour l'accueil sans opérer de mutations profondes censées répondre aux besoins des très jeunes enfants, sa fonction de garde risque de se développer au détriment de sa fonction éducative entraînant par là même une fuite des familles susceptibles d'aller chercher dans d'autres structures et sous d'autres modalités les moyens d'assurer l'éducation attendue.

La composition sociale du tissu scolaire en serait profondément modifiée dans le sens d'une plus grande homogénéisation, voire d'une certaine forme de discrimination par ouverture exclusive à des populations économiques faibles ou considérées comme sensibles. En souhaitant que « l'accueil des enfants de deux ans soit étendu en priorité dans les écoles situées dans un environnement social défavorisé, que ce soit dans les zones urbaines, rurales ou de montagne[3] », le ministère soumet ses priorités au principe de discrimination positive, principe contesté autant du point de vue pédagogique, sociologique qu'éthique.

3. *Cf.* loi d'orientation n° 89-486 (chap. 1, article 2), 1989.

Parce que le lien est plus que jamais fait entre l'insertion sociale et professionnelle et la réussite scolaire, l'école a toujours été et reste encore au cœur de l'actualité. Les articles et dossiers publiés régulièrement dans la presse mettent l'accent sur les fortes attentes qui pèsent sur elle. Elle passe sans cesse de l'excès d'honneur à l'excès d'indignité. Dépendante des constructions sociopolitiques, des représentations et des attentes sociales (plus que jamais contradictoires), l'école renvoie l'image d'un monde déserté par la pensée, réduit à l'esprit de polémique et soumis à des affirmations dogmatiques. Si l'école primaire, le collège, font l'objet de débats réguliers, le secteur de la petite enfance reste à l'écart des préoccupations.

Le manque de prise en charge globale de la petite enfance

La non-reconnaissance de la petite enfance comme un secteur sensible qui mérite toute notre attention se traduit par une série de certitudes, une tradition et une réponse unique : l'école. La socialisation du tout petit enfant est encore trop souvent confondue en France avec scolarisation.

Si l'école maternelle est perçue et vécue comme la réponse évidente et adéquate évacuant par là même les autres systèmes de garde et d'éducation (hors de la famille), c'est qu'en fait ces derniers (crèches, haltes-garderies, assistantes maternelles...) sont non seulement insuffisants numériquement, mais aussi et surtout sont d'un coût élevé en regard d'une école gratuite. Le traitement essentiellement économique et administratif de la question conforte des positions à connotation corporatiste qui mêlent les taux de présence, les pourcentages de remplissage des écoles, les taux d'encadrement, la préservation des postes...

En réalité, le taux de scolarisation à deux ans[4] a fait l'objet de peu de variations depuis de nombreuses années y compris dans les secteurs qualifiés de sensibles comme les zones d'éducation prioritaire (ZEP) ou encore les réseaux d'éducation prioritaire (REP).

Le secteur de la petite enfance est un domaine partagé entre trois administrations de tutelle : le ministère des Affaires sociales (crèches, haltes-garderies, assistantes maternelles, lieux d'accueil parents/enfants...) ; le ministère de la Jeunesse et des Sports (centres de loisirs sans hébergement) ; le ministère de l'Éducation nationale (écoles maternelles). Si l'école maternelle qui suppose une action pédagogique spécifique et adaptée, selon des modalités particulières est une spécialité de l'enseignement, il n'y a pas de spécialistes de la petite enfance : les responsabilités sont éparpillées dans des milieux professionnels qui ne se parlent pas nécessairement : médecins, pédiatres, psychologues, orthophonistes, enseignants... De fait, il n'y a pas de prise en charge globale.

Plutôt que de concevoir la scolarisation à deux ans comme une réponse pour l'ensemble de la population, il conviendrait de la considérer par rapport aux autres alternatives d'accueil et de réfléchir sur la qualité de l'accueil à l'école et hors de l'école, de développer les échanges sur les savoirs et les expériences entre l'école et le secteur petite enfance des collectivités locales, dans le respect des

---

4. Quelques données chiffrées : France métropolitaine : 25,1 % (dont 20,3 % public et 4,8 % privé) ; métropole et DOM : 24,5 % (dont 19,9 % public et 4,6 % privé).
Les écarts les plus flagrants :
Maxima : Lille : 57 % (dont 46 % public et 11 % privé pour 31 120 enfants), Rennes : 55,6 % (dont 35 % public et 20,6 % privé pour 21 005 enfants), puis Clermont-Ferrand : 41,4 %, Nantes : 35,7 %, Lyon : 36,5 %.
Minima : Paris : 5,3 % (dont 2,4 public et 2,9 privé pour 1 269 enfants, seul cas ou le taux du privé est supérieur au taux du public), Strasbourg : 8 % (dont 7,7 public et 0,3 privé pour 1 758 enfants), suivi de Versailles : 12,7 % et Créteil : 10,1 %.

spécificités de chacun. Il faut poser la question à partir de deux entrées, du point de vue de l'enfant et du point de vue de la mission séculaire de l'école : quelle expérience individuelle et structurante le collectif scolaire placé sous la professionnalité enseignante peut-il offrir au jeune enfant ?

Au plan pédagogique, on peut s'interroger sur l'efficacité et la nécessité de soutenir systématiquement une scolarité que certains aimeraient voir intervenir de plus en plus tôt. L'hypothèse d'une meilleure réussite scolaire dans le cas d'une scolarisation très jeune n'est nullement confirmée et il conviendrait de revoir quelques certitudes. En effet, Jean-Paul Caille[5] note dans une étude que si l'accueil des enfants dès deux ans est partout encouragé, notamment dans les zones d'éducation prioritaire (ZEP), l'observation pendant les premières années de scolarité primaire d'un panel de 8 661 écoliers montre que les chances d'accéder au CE2 sans redoubler sont d'autant plus grandes que l'élève est entré précocement à l'école maternelle, mais que la différence de réussite entre les enfants scolarisés à deux ans et leurs camarades entrés à l'école maternelle à trois ans est faible. De même, d'après une étude réalisée par Éric Plaisance et Sylvie Rayna[6], l'objectif dit de « compensation » n'est pas vérifié.

Les quelques signaux d'alerte, notamment le rapport de Jean Ferrier[7] sur la nécessité de renforcer la qualité de l'accueil des jeunes enfants et non de se focaliser sur l'effort quantitatif, restent discrets et ne font pas l'objet

5. « Scolarisation à deux ans et réussite de la carrière scolaire au début de l'école élémentaire », *Éducation & formations*, n° 60, juillet-septembre 2001, pp. 7-18.
6. « L'éducation préscolaire aujourd'hui : réalités, questions et perspectives », *Revue française de pédagogie*, n° 119, avril-mai-juin 1997, pp. 107-139.
7. (1998) « La scolarité préélémentaire : accorder une tradition et des besoins nouveaux », *Améliorer l'efficacité de l'école primaire : rapport remis à Mme la ministre déléguée chargée de l'Enseignement scolaire*, Paris, Ministère de l'Éducation nationale, de la Recherche et de la Technologie, pp. 26-40.

d'études plus approfondies. Les certitudes acquises, avec raison sur le bon fonctionnement de l'école maternelle ne sont pas soumises à l'épreuve du temps et de l'évolution des sociétés et des mœurs. Elles deviennent des vérités d'évidence qu'il est difficile, voire interdit, de questionner.

On notera et éventuellement regrettera que l'école maternelle se soit souvent construite en rupture avec les familles, rupture confirmée essentiellement d'ailleurs par rapport aux milieux défavorisés, ce qui correspond à une double stigmatisation d'autant que rien ne prouve l'inadéquation entre éducation et pauvreté.

La formation des professeurs

Alors que la scolarisation des tout-petits est valorisée, voire survalorisée, on s'étonnera que la formation professionnelle correspondante fasse l'objet d'aussi peu de considération. En effet, dans la formation des professeurs des écoles, la place accordée à l'école maternelle ainsi qu'aux besoins et aux réponses à apporter aux enfants de deux ans est très souvent réduite eu égard à l'importance du sujet. La priorité institutionnelle est ailleurs.

L'abandon de la distinction de la fonction spécifique d'inspecteurs(trices) maternels(les), la mise en place d'une formation commune et unique des enseignants de primaire et de maternelle, le système des cycles et sa traduction par une surscolarisation ont petit à petit érodé et mis à mal l'identité spécifique de l'école maternelle.

Le principe de l'indifférenciation de la formation des professeurs des écoles et l'abandon de la distinction entre le primaire et la maternelle autorisent une souplesse de fonctionnement du système. Certes, il y a bien un module spécifique à l'école maternelle (variable dans ses modalités selon les IUFM), mais on peut raisonnablement s'interroger sur le parallélisme des compétences ? Les qualités personnelles et professionnelles sont-elles analogues ? Si le niveau de qualification doit être élevé, cela signifie-t-il que les formations doivent être semblables ? Si la légitimité sociale est identique, il n'en demeure pas moins que les terrains d'action sont spécifiques et nécessitent des formations en adéquation. En tout état de cause, on est en droit de s'interroger sur la construction d'une identité professionnelle de « professeur petite enfance » au sein d'une institution de formation dont le modèle central est la déclinaison selon les degrés d'une capacité à enseigner des matières dont le contenu est défini de manière académique. Être un enseignant efficace à l'école maternelle ce n'est sûrement pas « maternaliser des démarches et des contenus ».

Marie Bonnafé (présidente de l'association ACCES : Actions culturelles contre les exclusions et les ségrégations) considère, quant à elle, qu'« il faut faire admettre aux enseignants qu'ils ne doivent pas trop s'occuper des enfants et qu'il leur faut davantage apprendre à voir tout ce qui vient des enfants. On ne forme pas les enseignants à l'observation, ils sont là pour éduquer[8]. » Il s'agit de tendre à déprimariser l'école maternelle, selon d'ailleurs les vœux de Pauline Kergomard[9] qui, dès 1905, accusait l'école maternelle d'être dévoyée par l'enseignement primaire.

De fait, la scolarisation en école maternelle oscille entre une série de silences ou de discours revendicatifs qui s'appuient souvent sur une image passée de la gloire de

8. *In L'Éducation enfantine*, n° 1, septembre 1999.
9. Pauline Kergomard (1838-1925), inspectrice générale des écoles maternelles, collaboratrice de F. Buisson et théoricienne de l'instruction publique, transforma les salles d'asile en écoles maternelles.
Pour en savoir plus, consulter notamment, Jean-Noël Luc, (1997) *L'Invention du jeune enfant au XIXe siècle. De la salle d'asile à l'école maternelle*, Paris, Éditions Belin. Éric Plaisance, (1996) *Pauline Kergomard et l'école maternelle*, Paris, PUF.

cette école, et de tabous qui n'autorisent pas à dire les échecs et les désillusions alors que la réputation de l'école maternelle française est considérée comme une certitude, comme un fait de culture. Comment oser dire qu'une formation académique monodisciplinaire (recrutement à la licence) n'est sans doute pas la plus efficace, voire est inopérante face à des tout-petits ? Comment oser dire qu'il y a inadaptation entre les exigences universitaires et celles du terrain ? Comment oser dire encore que travailler avec des tout-petits est difficile, qu'on ne sait pas comment faire pour accorder une attention à chacun tout en constituant un espace collectif d'apprentissage ? Comment avouer qu'un petit de deux ans peut mettre l'enseignant en difficulté ? Comment oser dire sans risquer d'être soi-même dévalué ?

En réalité, il nous faut admettre que l'enfant de deux ans et l'identité professionnelle de l'enseignant de maternelle chargé des tout-petits font l'objet d'une absence de légitimité et de reconnaissance. Si on ajoute à ces considérations que dans certaines politiques départementales les enfants de deux ans sont parfois, voire souvent, considérés comme une « variable d'ajustement », que des acteurs éducatifs s'entendent pour ouvrir les portes de l'école aux tout-petits afin, surtout, d'éviter une fermeture de classe, on peut aussi poser la question de manière un peu brutale : qui paye le prix de ces prises de position ? Quel est l'intérêt de l'enfant ?

Propositions pour l'accueil des enfants de deux ans à l'école et/ou avec l'école

Sans cohérence axiologique, pas d'éducation

L'école, et surtout l'école maternelle, est de moins en moins repliée sur elle-même et subit, comme l'ensemble du monde politique et de l'entreprise, une désoccultation par augmentation de lisibilité et de visibilité des comportements et des résultats. Elle est, comme tous les autres secteurs sociaux, soumise à une exigence accrue de transparence et de résultats.

La petite enfance est l'objet de représentations individuelles et collectives très variées. Des discours contradictoires coexistent au sein et en dehors de l'école. Ainsi, d'un côté on vante l'égalitarisme, le consensus, la fraternité, la coopération, de l'autre on admire les meneurs, les gagnants, la compétition. Les parents, les associations, le ministère, les enseignants, les universitaires, autant d'interlocuteurs, autant de propos, de discours, d'enjeux... tous, au nom de l'intérêt de l'enfant ! Les groupes de pression politiques, économiques, idéologiques, religieux multiplient les injonctions, les impératifs, les exigences à travers des idéaux, des déclarations d'attention et d'intention... toutes plus bienveillantes, les unes que les autres.

Au carrefour de multiples attentions éducatives – parents, enseignants, éducateurs, assistantes maternelles, ATSEM[10] –, l'enfant est sollicité selon des modalités et des références qui ne sont pas toujours concordantes, qui sont

10. ATSEM : Agent territorial spécialisé des écoles maternelles.

parfois même contradictoires. Il serait naïf de croire que tous ces niveaux et lieux d'éducation fonctionnent en symbiose. L'élucidation réciproque des attentes est nécessaire. En outre, la multiplication des intervenants adultes auprès des enfants, et donc la multiplication des niveaux de décision, entraîne une confusion par déresponsabilisation, ce qui est favorable à une dilution et à une absence d'imputation : qui est responsable ? de quoi ? devant qui ?

La complexité croissante de l'ordre social implique une redéfinition des références propres à l'éducation sans laquelle l'idée de contrat reste un vain mot, voire devient un enjeu de confrontation entre les diverses instances, les différents groupes et communautés, les différentes institutions, qui se considèrent tous plus légitimes les uns que les autres pour parler au nom de l'enfant. Ce n'est qu'en rendant ces références, collectivement partagées, plus lisibles et plus visibles que l'on pourra parler de contrat en précisant de quel contrat il s'agit et en évitant ainsi l'emploi de mots-valises, de mots-slogans qui ne font que cacher le vide et l'absence d'accord.

L'école, lieu collectif de socialisation, se trouve prise en étau entre un espace public et un espace privé. D'un côté, un déficit de plus en plus marqué et de plus en plus grave, de références explicites et claires, de l'autre, un éclatement et une prolifération de références par une maximalisation et une individualisation des choix identificatoires. Chacun revendique la liberté de définir ses objectifs, ses intérêts, ses choix au nom du respect des différences confondu malheureusement avec le respect de la diversité et de la pluralité. Espace public au service d'intérêts de plus en plus privés, l'école voit petit à petit sa vocation spécifique se dissoudre. Réduite à n'être qu'au service des uns et des autres, on s'étonne ensuite que l'école ne puisse remplir sa mission première car trop engluée dans des contradictions et des enjeux qui la dépassent largement. Force est donc de travailler démocratiquement sur la cohérence des pratiques éducatives en améliorant notamment le passage du maternage à l'éducatif, en mettant fin à une autonomisation précoce et prématurée, en s'appuyant sur un projet global fort, objectivé et démocratiquement élaboré.

Si l'école a indéniablement son rôle et sa place dans une perspective collective d'éducation, encore faut-il en déterminer les conditions et les limites. L'école n'est qu'un élément du puzzle et se situe au carrefour de plusieurs instances de socialisation et d'éducation. La cohérence de l'ensemble dépend de l'émergence d'un accord et d'un projet collectif, projet que l'on serait bien en peine de présenter aujourd'hui. De fait, l'école se trouve prise entre la nécessité d'appuyer son action sur un consensus et la difficulté de réaliser celui-ci.

La demande sociale, voire celle des parents, d'une scolarisation de plus en plus tôt conduit à une confusion entre temps et maturation. Marie Bonnafé considère qu'on « néglige énormément ce qui ne paraît pas immédiatement rentable, surtout pour les petits enfants des milieux moins favorisés » et que « le temps doit être soustrait au temps immédiatement utile ». L'*a priori* selon lequel les enfants qui assimilent rapidement sont perçus comme plus intelligents que les autres est tenace. La valorisation systématique de la rapidité dans la réflexion et l'exécution renforce cette confusion entre maturation et apprentissage, amalgame d'autant plus dommageable quand l'enfant est petit. Or précipitation, immédiateté et instantanéité ne sont pas toujours compatibles avec la maturation des apprentissages, avec le temps qui est une donnée indispensable à l'évolution personnelle. Des résultats de plus en plus performants, dans un temps de plus en plus court, selon des modalités identiques pour tous, tel est le cadre actuel des exigences. Il est clair que ces ambitions ne sont pas compatibles avec le respect de la personnalité de chacun.

Les travaux des médecins, l'expérience des pédopsychiatres[11] permettent de mieux connaître ce qui est nécessaire au bébé et au très jeune enfant pour se développer harmonieusement : des interactions régulières, un contact gestuel, sensoriel répété avec un « autre » adulte, un dialogue tonique et des échanges, des interactions affectives et émotionnelles dans un système de communication qui permet la mise en place d'un système d'accordage, des inductions et des échanges d'images, et tout un système symbolique construit à partir de gestes et de comportements qui s'ajustent les uns aux autres. C'est à partir d'une expérience d'attachement réussie que le petit pourra commencer avec appétit et bonheur l'aventure de la découverte de ce qui ne lui est pas familier.

Des initiatives porteuses d'avenir

L'absence de perspective collective est en réalité masquée par la multiplication d'initiatives ponctuelles, par le développement d'une logique instrumentale. Chacun, sur son quartier, dans son école, dans son établissement, dans sa « zone » tente de trouver une solution locale, contextuelle. Des initiatives éparses ponctuent depuis quelques années déjà le paysage éducatif. Elles émanent d'associations et/ou d'institutions locales, et plus récemment d'une

11. Golse B., (2006) *L'Être-bébé*, Paris, PUF.

réflexion du monde de l'entreprise encouragée par les financements de la CNAF. Si elles ne font pas l'objet de généralisation et de publicité, elles n'en sont pas moins dignes d'intérêt.

Répondre à une diversité de besoins

C'est ainsi que de nombreux projets émergent, de qualité variable et de durée tout aussi variable qui, en l'absence de cohérence d'ensemble (cohérence n'est pas à confondre ici avec homogénéité), réduisent les initiatives à des opérations de colmatage, de remédiation.

L'ouverture de l'école maternelle à une nouvelle classe d'âge doit-elle se traduire systématiquement par la constitution d'une nouvelle classe à partir toujours du même et unique critère, l'âge ? Il s'ensuit une inflation des dénominations et une complexification de la nomenclature (petite, moyenne, grande section ; petite-moyenne, moyenne-grande section...). Afin de casser l'effet d'homogénéisation, très négatif quand il s'agit des petits accueillis en nombre dans des structures, il convient de favoriser les interactions entre des enfants d'âge différent. Des formes de tutorat grands-petits, des classes regroupant des grands et des petits, des activités communes, des parrainages entre petits et grands permettent à ces derniers de servir de modèles et de médiateurs pour les petits. Ce type de composition groupale présente, par ailleurs, l'avantage de mieux correspondre à la composition naturelle de la société et surtout de la structure familiale. En outre, il est désormais reconnu que les apprentissages entre pairs sont importants et souvent très efficaces.

La structure de classe correspond mal à l'égocentrisme enfantin et à la nécessité de personnaliser et d'individualiser les relations. La conception d'espaces d'activités pour l'expérimentation est une formule plus souple et plus adaptée au jeune enfant.

De nombreuses formules, dont certaines ont déjà été expérimentées et d'autres qui seraient à développer permettent d'individualiser et de personnaliser les relations en mettant fin aux formes groupales de communication, d'activité et en sortant du « grand collectif ». En effet, ce n'est pas parce que l'enfant s'adapte qu'il ne le fait pas à son détriment.

La systématisation et la rigidité sont aux antipodes des besoins de l'enfant. Comment peut-on envisager de canaliser des besoins aussi variés que ceux du sommeil, du mouvement, du calme et du silence, etc. ? La vie en collectivité n'a pas nécessairement pour corollaire l'homogénéisation des besoins et des réponses. Le temps de récupération est variable selon les enfants dans sa durée, ses horaires et sa forme. Quant au besoin de mouvement, trop souvent interprété par l'adulte comme de l'agitation ou de l'indiscipline, il est vital. De fait, le mouvement est le pivot du processus mental chez le jeune enfant. Confronté à des situations motrices riches et variées, il sera capable de transposer celles-ci dans des situations abstraites. Dès lors comment répondre à cette diversité des besoins sans déséquilibrer l'ensemble du groupe classe ?

L'architecture scolaire peut venir au secours de ce type de problème. Des structures modulaires créées au sein même de la classe ont été réalisées. En effet, il a été tenté de répondre aux besoins spécifiques des jeunes enfants en leur proposant une activité motrice globale ludique et intégrée à l'intérieur de l'espace classe. On ne pourra que regretter que ce type d'initiative n'ait pas été généralisé et reste relativement méconnu.

LES CLASSES PASSERELLES

Face à une situation nouvelle, il convient de répondre par des innovations et pas simplement par une adaptation, toujours insuffisante, des structures existantes. Parmi les tentatives, il est intéressant de parler des expériences des classes passerelles. Malgré l'intérêt de la formule, les acteurs politiques et institutionnels pointent un certain nombre de limites : le coût financier important, la nécessité d'un fort investissement de tous les acteurs, l'impossibilité d'élargir et de généraliser ce type d'initiative trop « contextualisée » qui ne répond peut-être pas à l'attente de tous les parents.

Les lieux passerelles pour les deux à trois ans, apparus il y a une quinzaine d'années dans les quartiers les plus défavorisés répondent à deux objectifs : préparer à une intégration réussie à l'école maternelle les enfants pour lesquels des difficultés d'adaptation sont à prévoir (problèmes sociaux, non-usage de la langue française, etc.) et améliorer la communication entre parents et enseignants.

Les classes passerelles ont comme objectif de créer les conditions d'une première socialisation, de favoriser une séparation progressive avec la famille et de soutenir les parents dans l'exercice de la fonction parentale.

Ces structures permettent de revaloriser la compétence parentale. Luce Dupraz, chargée de mission Petite Enfance[12] considère que ces « classes font partie d'une nouvelle génération d'équipements publics : ce sont des petites structures qui refusent la segmentation du champ social, s'adressent à la fois à l'enfant et à ses parents. Ils

12. *In Éducation enfantine,* n° 1, septembre 1999.

ont une dimension partenariale, multiprofessionnelle et pluri-institutionnelle. »

Il n'existe pas de modèle général pour ces formules passerelles : structures et dispositifs sont contextualisés. Quel que soit le schéma, tous ces lieux présentent des caractères communs : ce sont des lieux intermédiaires de quartier où l'espace social et l'espace familial s'interpénètrent, où le lien est à double sens (famille vers école mais aussi école vers famille) ; ils s'adaptent en permanence à la réalité du terrain ; ils favorisent une logique de confiance et de respect à l'égard des parents ; ils s'inscrivent dans un partenariat (Éducation nationale, collectivités territoriales, Caisse d'allocations familiales) ; ils favorisent l'intervention conjointe de professionnels de la petite enfance (enseignants et éducateurs de jeunes enfants), etc.

L'évaluation de ce dispositif a montré que de nombreux enfants ont pu aborder l'école maternelle dans de bonnes conditions, que les parents avaient modifié leur regard sur l'école et les enseignants et que ceux-ci se montraient plus compréhensifs à l'égard des parents.

Le système des classes passerelles s'inscrit dans un processus compensatoire[13] volontariste, essentiellement dirigé vers les milieux considérés et présentés comme étant en difficulté. Ce positionnement n'est pas dénué d'ambiguïté, car la pertinence même d'une éducation de compensation, par rapport à des familles dites défavorisées, n'est pas démontrée et relève souvent d'une argumentation plus idéologique que pédagogique. Par contre, il conviendrait d'optimiser au maximum toutes les expériences d'apprentissage partout où elles se développent et assurer leur cohésion et leur cohérence.

Ce type de structure ne devrait pas être réservé à une catégorie d'enfants, catégorie définie par ailleurs unique-

13. *Cf.* la notion désormais très discutée de « handicap socioculturel ».

ment à partir de caractéristiques négatives alors que les difficultés ne sont pas spécifiques à des enfants ou même à des groupes sociaux et/ou culturels particuliers. Le « naturalisme social » est une dérive qu'il conviendrait d'éviter. Pour Daniel Villain et Bernard Gossot[14], l'exploitation des données recueillies montre un flou dans l'initiative et le pilotage des dispositifs, une insuffisance dans la formation des enseignants dans le domaine de l'accueil des jeunes enfants et dans la pédagogie des deux-trois ans, l'absence d'évaluation véritable du dispositif. Les sites visités, très majoritairement implantés dans des quartiers défavorisés, classés en ZEP-REP ou en zones sensibles, et s'adressant à une quinzaine d'enfants souvent repérés par le service de la protection maternelle et infantile (PMI) comme étant à risques, du fait de leur vécu dans un milieu familial carencé au plan psychologique ou social, ont permis d'observer quatre actions des classes passerelles : une socialisation de l'enfant, un travail sur la séparation mère-enfant, la valorisation de la fonction parentale, un travail pédagogique sur l'enfant.

Une éducation en partenariat

L'ouverture de l'école maternelle sur les familles est suffisamment admise pour que l'on ne cherche pas à reprendre des débats et des querelles relativement stériles. Toutefois, l'abaissement de l'âge possible d'inscription réactualise la question de la coresponsabilité en matière éducative.

Si l'on peut admettre que pour ce qui concerne les enseignements et les apprentissages cognitifs, les parents

---

14. « Rapport sur les dispositifs passerelles : de la famille et du lieu de garde à l'école maternelle », Paris, IGAS-IGAEN, novembre 2000.

acceptent de déléguer un peu de leurs prérogatives à des professionnels, il n'en est pas de même pour l'éducation, au sens large du terme. En outre, il n'est pas bénéfique pour le très jeune enfant de séparer les rôles en fonction des lieux et des temps de la journée. Dès lors, l'éducation est à concevoir plus comme une éducation de collaboration que comme une éducation de substitution. Elle doit être conçue comme un soutien à l'éducation familiale et non comme un produit de remplacement. De nos jours, on évoque la notion de coéducation[15]. Il est vrai que l'affaiblissement du consensus sur les valeurs sous-jacentes à l'éducation rend le problème crucial et explique la nécessité d'un large débat et de la réaffirmation d'un cadre éthique sans lequel il n'y a pas d'éducation mais uniquement instruction.

Les seuls principes de cohérence et de continuité devraient fonder les pratiques de coopération entre les familles et les différentes collectivités éducatives. En effet, plus l'enfant est jeune et plus il est sensible aux écarts, voire aux divergences, car il n'est pas armé pour les surmonter. Cela signifie-t-il l'existence d'un modèle unique ? Très certainement non, encore faut-il que des pratiques de coopération et de collaboration soient systématisées, il est vrai au sein d'un cadre axiologique commun.

La désintégration du lien social et éducatif se trouve renforcée par la recherche de solutions locales, contextuelles et donc partielles au détriment d'une recherche plus globale, plus collective et donc plus intégrative. La multiplication de projets locaux, au niveau des établissements scolaires, des quartiers, des communes... occulte la nécessité d'une réponse plus globale où l'école maternelle aurait sa place parmi et avec d'autres partenaires. L'école mater-

15. Jésu F., (2004) *Coéduquer. Pour un développement social durable*, Paris, Dunod.

nelle est au centre d'un réseau d'« actions éducatives différenciées ». Elle ne doit pas oublier, et même prendre en compte le fait qu'on éduque aussi, ailleurs et autrement. Cependant, on ne répétera jamais assez que, pour qu'une coordination des actions soit possible, cela suppose l'existence d'une cohérence qui est de l'ordre des valeurs et non pas seulement de l'ordre du fonctionnement.

En guise de conclusion

On retiendra la nécessité de structurer, voire de restructurer, le réseau des personnes ressources de la petite enfance. La création de « Maisons de la petite enfance » qui vont ouvrir dans certains départements représente en ce sens une réelle opportunité afin de permettre l'inscription de l'accueil du petit enfant dans un réseau associatif : familles, bibliothèques, crèches, parents, écoles... et de développer l'accompagnement parental. Le travail d'interface et en réseau, implicite notamment dans les initiatives comme les « classes passerelles », est au cœur de démarches innovantes qui ont le mérite de proposer des alternatives à une scolarisation prématurée.

Si la professionnalité de toutes les personnes ressources et leur reconnaissance en tant que spécialistes de la petite enfance sont incontournables, la création d'un nouveau métier clairement identifié associant les disciplines et qui mettrait fin à l'éparpillement et au découpage des besoins et des responsabilités (médecine, psychologie, pédagogie, orthophonie, rééducation...) n'est pas à exclure. Il n'y a pas de prise en charge de la problématique globale. Il est donc urgent de faire reconnaître la petite enfance comme un domaine spécifique de haut degré de professionnalisme, et ce dans une perspective pluridisciplinaire.

Le secteur de la petite enfance relève d'une responsabilité de mission qui se définit selon Hans Jonas, par rapport au futur. Il serait en effet, dommageable que sa non-prise en compte débouche sur une situation de crise où l'accent serait mis sur la responsabilité d'imputation associée à la recherche de responsable(s), de celui qui est à l'origine des erreurs et des dysfonctionnements (parents, enseignants, élèves, le système...) et donc à l'idée de culpabilité.

Il convient de noter que d'autres pays ont développé des structures fondées sur le « care » et les soins, c'est-à-dire la prise en compte réelle du bien-être du jeune enfant. Il s'agit de chercher à prendre en compte l'ensemble des éléments en cherchant à tenir compte des interactions complexes entre les caractéristiques personnelles des enfants, des variables et les attentes familiales ainsi que des objectifs des politiques nationales et territoriales.

Mettre en commun des expériences constituées, des pratiques confirmées des enseignants, des connaissances des chercheurs, les initiatives des diverses politiques locales permettrait d'oser penser la création d'un service public diversifié d'accueil de la petite enfance appuyé sur une culture de la « reliance » selon la formule de Marie-Thérèse Hermange[16] afin de « mieux partager ressources, savoirs et compétences » autour des jeunes enfants.

16. Sénateur, député européen, auteur du rapport, (2002) « Les enfants d'abord : 100 propositions pour une nouvelle politique de l'enfance », Paris, La Documentation française.

CHAPITRE 3

Quel environnement pour les besoins spécifiques du développement d'un enfant entre deux et trois ans[1] ?

Geneviève HAAG

Les remarques suivantes résument l'accumulation des observations recueillies au cours de vingt ans d'expérience de prévention et de dépistage précoce en crèche en une présence observatrice bihebdomadaire et le partage des observations avec le personnel et les familles, partage renforcé autour des crises de développement mais permettant, en continu, l'approfondissement des principales étapes de maturation au cours des trois premières années de la vie. Cet approfondissement, en entrecroisement constant avec l'expérience de consultant pédopsychiatre pour des symptômes précoces variés et l'expérience de psychothérapeute-psychanalyste pour des états psychopathologiques de différente gravité, rejoint beaucoup de travaux passés et présents cherchant à mieux comprendre les lois du développement humain dans ses racines et sa complexité afin de mieux répondre à ses besoins.

1. Une partie de ce texte a été exposée au colloque de l'Association française de psychiatrie du 1er avril 2005 : La scolarisation à deux ans : une fausse bonne idée, sous le titre « Arguments en défaveur de l'école à deux ans ».

La *troisième année* de la vie est l'*achèvement d'un cycle de développement qui va de la naissance à l'acquisition du « Je »*, c'est-à-dire à celle d'une relative autonomie dans le sentiment d'une séparation corporelle et identitaire. Cela suppose une construction de la personnalité dans la transformation et l'élaboration des énergies liées aux premières étapes du développement pulsionnel, oral et anal, ce dernier étant inséparable du développement intellectuel. Nous assistons aussi, à la fin de ce cycle, à l'émergence du conflit œdipien également en étroite relation avec les acquisitions cognitives ; or cette construction ne se fait que dans les échanges émotionnels étroits avec les parents et leurs substituts, où se déroulent toutes sortes de jeux d'imitation et d'identification, comme bien des travaux actuels le confirment. Notons qu'il faut différencier l'individuation qui se produit principalement dans la deuxième année et les trois premiers quarts de la troisième année de la vie : finition de la séparation corporelle avec l'importance de l'image au miroir, l'utilisation du « non » (le second organisateur de Spitz, 1957) en tant qu'affirmation de soi, l'acquisition de la propreté sphinctérienne, et d'autre part la personnalisation, ou subjectivation du sujet, qui commence à assumer sa pleine séparation psychique dans le « Je ».

Les perfectionnements de la troisième année

Le développement du langage

L'explosion de l'acquisition du vocabulaire et de l'organisation grammaticale se fait grâce au déploiement d'un extraordinaire besoin-appétit de faire nommer, de mettre les mots sur les choses et les images, de faire raconter des histoires dans un contact suffisamment proche où l'on peut s'émerveiller de la captation rapide de mots nouveaux et des premières formes d'organisation narrative. Ces moments supposent suffisamment de relation duelle ou en tous petits groupes sous peine, comme l'écrit A. Bentolila[2], que les enfants soient réduits à apprendre la langue avec les pairs. Il souligne « l'insécurité linguistique » qui peut en découler pour certains enfants.

Le déploiement passionné de jeux expérimentaux spontanés

Les jeux de constructions et de combinaisons, d'explorations spatiales et d'objets variés, sont les bases, pour le développement de l'intelligence logico-mathématique, des « stratégies ouvertes » selon l'expression d'H. Montagner versus « stratégies fermées » qui sont le risque inhérent à la proposition trop précoce d'activités dirigées. La qualité de ces activités continue encore, bien que de façon moins étroite que dans la deuxième année, à être dépendante de la qualité des interrelations. Je renvoie aux deux chapitres du très beau livre de l'équipe d'Henri Rousselle *Les Bébés et les choses* (Sinclair *et coll.*, 1982), s'intitulant respectivement : *Les Bébés et la physique, Les Bébés et la logique*. Les auteurs de cette équipe se demandaient quel était le mobile profond de la passion attachée à ces expérimentations longtemps considérées, même dans les milieux psychanalytiques, comme des jeux fonctionnels bien distingués des activités dites « symboliques » (jeux de faire

2. Bentolila A., « L'école à deux ans : est-ce bien raisonnable ? », *Le Monde* 17 février 2001, Horizons-Débats.

semblant, jeux de rôle). En fait, nous pouvons affirmer maintenant que ces manipulations et expérimentations s'exercent dans le cadre d'une symbolisation primaire (Haag, 2000a) élaborant les vécus corporo-psychiques et spatiaux des premières étapes du développement où il est question de la formation du moi corporel (Haag, 2004), de ses premières représentations d'ordre géométrique permettant l'investissement des formes des objets ; les activités contenant/contenu, interpénétrations/emboîtages, enfonçages, enveloppements, ont toutes à voir avec cette construction de l'image du corps dans les interrelations et la maîtrise des angoisses corporelles primitives qui sont d'ordre spatial (chute, liquéfaction, fragmentation/dispersion). L'intérêt pour les objets malléables est tout aussi passionné, représentation des qualités transformationnelles (Roussillon, 2004), créatives des échanges. Ainsi les enfants, dans une relative instabilité apparente, ne cessent d'établir des rapports de similitude, de différence entre des catégories d'objets et des repères spatiaux architecturaux et mobiliers. A. Florin[3] (2001), psychologue scolaire à Nantes, résume très bien les besoins d'aménagements spatiaux pour cet âge : « Agencement spécial des locaux pour les besoins de mouvement, [...] accès à tous les lieux en permanence pour se différencier ou pour rejoindre les autres (j'ajouterai : et aussi pour la poursuite de leurs explorations et vérifications, c'est-à-dire du fonctionnement de la pensée de cet âge), [...] trop d'attente, d'immobilisation dans l'inactivité favoriserait une passivation. »

3. Professeur de psychologie, Laboratoire de psychologie éducation, cognition, développement (Labécd), université de Nantes.

L'acquisition de la propreté sphinctérienne

C'est la fin d'une crise d'opposition et d'affirmation de soi, plus ou moins marquée, et d'élaboration d'anxiétés liées à cette « finition » de la séparation corporelle contemporaine de l'équilibration du plaisir de maîtrise. J'ai eu l'occasion de détailler dans un autre travail (Haag, 1999) un certain nombre de préalables et d'aventures de l'acquisition de la propreté.

Le développement de jeux imaginaires spontanés

Ils utilisent avec des figurines pour des théâtralisations variées, créations élaboratives des conflits pulsionnels de l'âge indispensables à l'équilibre psychique. Ces jeux sont la poursuite et l'enrichissement des jeux de faire semblant déjà installés dans la deuxième année de la vie ; on les appelle jeux symboliques. Ils sont indispensables au développement et sont aussi l'occasion de nombreuses acquisitions cognitives, ce que souligne S. Raynas (2001, p. 16[4]) qui déclare dans le même texte : « Il importe que les adultes n'entravent pas les processus de découverte et d'invention collectives à l'œuvre dans les actions et interactions spontanées des enfants, mais se focalisent sur l'aménagement des situations (action indirecte) et ancrent leur éventuelle intervention sur les démarches des enfants [...]. L'enfant de deux ans peut trouver sa place dans divers lieux à condition que les adultes transforment leurs regards et leur pratique, ce qui nécessite en effet de se déprendre d'un certain nombre d'idées reçues » (*ibid.*, pp. 26-27).

4. Maître de conférences, Cresas-INRP.

Le développement du graphisme spontané

Il commence par les dessins préfiguratifs que l'on appelle communément gribouillages, et qui sont principalement faits de compositions rythmiques d'où vont émerger la fermeture de la forme (le rond) et la naissance du dessin figuratif : le premier bonhomme autour de trois ans, bonhomme dit « têtard », condensation du futur soleil et du visage. Ces premières traces ne s'apprennent pas ; elles surgissent spontanément dans la main de l'enfant s'il se développe bien, traduisant, avec un décalage dans le temps, l'histoire de sa première construction corporo-psychique. Il faut seulement lui fournir le matériel utile à cette expression (Haag, 1990).

Une maîtrise suffisante de l'agressivité

L'agressivité se manifeste dans les rivalités de possession des objets, du territoire et de l'attention des adultes. J'ai démontré dans plusieurs articles (Haag, 1999) comment la violence de certains enfants dans les deuxième et troisième années de la vie pouvait être reliée à la fragilité des premières formations corporo-psychiques, quelles qu'en soient les causes, premières formations qui peuvent se résumer dans la notion d'introjection de contenance, laquelle organise le territoire ; or les phénomènes d'envie destructrice, corporéisés et matérialisés dans les deuxième et troisième années se traduisent par une précipitation compulsive dans le territoire de l'autre pour arracher ses possessions, et ce même si vous mettez des objets identiques à disposition. Comme cela est bien signalé dans certains travaux, ce problème de territoire est important et nécessite souvent l'intervention pondératrice de l'adulte.

L'HISTOIRE D'INGRID

Je peux citer quelques fragments de l'observation participative de l'enfant Ingrid, que l'on aurait pu dépister à juste titre comme à risque psychopathique. Dans les propositions actuelles, aurait-elle dû être fichée et traitée « biologiquement » ?

C'est une fillette, Ingrid, remarquable par son agressivité à l'égard des autres enfants pendant une partie de la deuxième année de la vie : mordre, pousser violemment, arracher les possessions des autres pour ne rien en faire d'ailleurs. Elle est souvent la première arrivée à la crèche, on la voit se précipiter sur le cheval à bascule dont elle use de manière forcenée avec un probable élément masturbatoire et autocalmant condensé. Elle est peu souriante cette enfant, figée, très observatrice, souvent prête à foncer pour une agression ou une action prédatrice. Elle ne joue pratiquement pas, elle ne manipule aucun objet. Il faut aller la chercher dans une sorte de travail d'apprivoisement et elle ne donne pas tout de suite des signes de réciprocité. Elle est également très agressive avec sa mère, lui tire les cheveux, sans que celle-ci, probablement désemparée, réagisse et fasse des jeux de transformation. La maman avait très peur de voir un psy, mais l'auxiliaire, grâce à son dialogue journalier avec elle, a réussi à me l'envoyer et j'ai pu commencer l'échange avec elle, en la soutenant beaucoup, en partageant les observations près de la petite ; je me suis aperçue qu'elle-même se rendait compte de choses sans pouvoir se les avouer, qu'elle avait une inquiétude et qu'elle faisait preuve de beaucoup de finesse pour essayer de comprendre sa fille. Donc, à partir de là, il y eut pour la mère une sorte de restauration de sa capacité maternelle, car auparavant elle se sentait accusée quand on lui disait tous les jours que sa fille mordait, faisait la razzia, et elle se sentait de plus en plus blessée, attaquée. Pendant tout ce

temps, parallèlement, la petite a semblé percevoir à quel point on s'occupait d'elle, on la regardait, en essayant de prendre contact ; elle surveillait énormément mon regard quand j'entrais ; je lui faisais seulement des petits signes, un sourire, mais elle savait qu'on parlait d'elle, et elle semblait surveiller qu'il y ait toute cette augmentation du cercle d'attention autour d'elle.
Progressivement jusqu'à la fin de l'année, les choses se sont vraiment atténuées, elle n'agressait plus les autres gratuitement dans ces phénomènes d'envie destructrice ; au contraire, elle commençait à jouer avec eux et elle est passée de l'agression d'envie à l'agression seulement pour la défense. *Tout à fait à la fin de sa troisième année, quand elle allait franchement mieux, un jour où à nouveau on récapitulait les choses autour d'elle, elle le sentait, elle le savait, elle nous a fait une merveilleuse démonstration d'une représentation du processus de la restauration de contenance ; du moins, c'est comme cela que je l'ai interprété parce que j'avais eu beaucoup d'autres démonstrations de ce type et en observation directe et dans les traitements d'enfants. Elle s'est mise à courir depuis le fond de la pièce d'à côté pour venir dans la salle de jeux se précipiter, en riant, pour un plongeon dans la piscine à balles. Après quelques brasses dans cette piscine, elle ressortait, elle refaisait un tour jusqu'au mur du fond de la pièce à côté et revenait avec un regard joyeux lancé vers nous, replongeait, etc. Jusque-là, je ne l'avais jamais vue rire ni même sourire et la qualité de son regard était transformée. Elle avait entraîné avec elle, comme par hasard, un enfant qui, lui, nous avait inquiétés sur le plan du retrait et qui avait la même difficulté de trouver la contenance et tous les deux faisaient ce manège.*

Il y avait donc le thème de « plonger au fond de » et beaucoup d'enfants, à un moment donné, jouent cela avec le cadre architectural des murs et fenêtres. Par exemple, ils partent d'un mur, ils traversent tout l'espace, ils vont plonger dans le rideau de la fenêtre (ici c'est la piscine à balles), ils retournent, ils repartent, et ils font ainsi un cycle dont j'affirme maintenant qu'il représente les boucles de communication.

Nous voyons donc comment, dans un groupe de taille restreinte et avec l'attention renforcée des adultes autour, on peut contribuer puissamment non seulement à transformer et intégrer la violence pulsionnelle importante de ce groupe d'âge, mais à participer *in situ* à aider un enfant en danger de devenir violent à restaurer ses limites corporo-psychiques et à installer son propre territoire, les pulsions agressives servant dès lors à la défense et non plus à l'attaque dévastatrice. Nous voyons comment, à cet âge, l'apparente agitation motrice, déambulation pouvant paraître décharge pure, peut être en même temps l'élaboration représentative et le renforcement du sentiment de contenance appuyés sur les représentants architecturaux et mobiliers qui sont de nature symbolique, et ainsi à la charnière de l'approfondissement et de la conquête de l'organisation de l'espace tridimensionnel. Cela rejoint les démarches de nombreux chercheurs reconnaissant ce besoin de déambulation spatiale pour l'aménagement d'espaces décloisonnés pour une activité qui est donc en même temps cognitive et élaborative de la construction corporo-psychique.

La crise d'identité, le passage du « À moi, à moi » au « Je »

Cette révolution copernicienne s'accompagne d'une crise anxieuse, « la crise des deux ans et demi » (Haag, 1990). Elle se manifeste par agitation motrice, surplus d'instabilité, irritabilité, colères et agressions, renforcement de l'opposition : recrudescence du « non » systématique dans ce qu'on appelle « crise d'obstination ». Certains l'ont nommée à juste titre la « petite adolescence », déjà bien entamée dans la deuxième année. Pour un petit nombre d'enfants, elle comporte d'autres sortes d'expressions de malaise corporel : retard à la propreté par refus de déféquer hors de la couche alors que la maîtrise sphinctérienne est excellente, refus de quitter les vêtements d'extérieur à la crèche comme si on allait y « perdre sa peau ». Cette crise des deux ans et demi avait été repérée par H. Wallon autour de trois ans, comme le rappelle P. Tap (2001) qui la reconnaît aujourd'hui plus précoce ; il cite P. Malrieu (1967) qui souligne l'étroite interdépendance de l'affirmation de soi avec les progrès du langage. Nous insistons pour relier ces deux paramètres au jeu des identifications. Jusqu'à l'acquisition du « Je », l'enfant se nomme à la troisième personne dans ce qu'on appelle la phase égocentrique. Son futur « Je » est jusque-là dans la tête des parents ou des substituts, en quelque sorte en projection identificatoire normale, base des phénomènes symbiotiques constructifs. L'introjection de cette identification suppose une aventure spatiale qui décentre les points de vue de soi et sur soi. Le point de vue de l'autre sur sa propre identité, « Tu », passe dans la réflexivité interne, et désormais le va-et-vient est installé entre un point de vue interne et la capacité de comprendre le point de vue de l'autre, ce qu'on appelle l'identification introjective. Ici, les travaux psychanalytiques s'entrecroisent avec certains travaux du courant cognitif comme la « théorie de l'esprit ». On peut rejoindre aussi les travaux d'A. Berthoz (2004) qui relie également les capacités de changement de point de vue à une aventure spatiale.

C'est donc avec le « Je » que l'enfant va pouvoir commencer à assumer pleinement sa subjectivité, à s'identifier aux autres (aux fonctions parentales aussi bien qu'aux caractéristiques infantiles des pairs et des autres classes d'âge, à organiser des jeux en petits groupes où se distribuent des rôles de manière plus riche et stable et où les problèmes de territoire sont beaucoup mieux gérés. Ce n'est que vers deux ans et neuf à dix mois en moyenne que ce nouvel état se stabilise. Une nouvelle atmosphère s'installe alors dans la crèche. « Maintenant, ils sont prêts pour l'école », dit le personnel qui s'en occupait jusque-là.

En deçà, les enfants ont *besoin de recours fréquents à un adulte attentif* (B. Golse, que je rejoins complètement, insiste particulièrement sur ce rôle de l'attention[5]), *compréhensif*, mais aussi *limitant*, ne permettant pas l'agression gratuite, l'émergence de conduites sadiques qui appartiennent à cette étape pulsionnelle, ni les débordements d'excitation, cherchant à comprendre les conflits, les mouvements de rivalité mal contenus, les grosses peines, et certaines angoisses de cette étape de maturation. Que feront les enfants pour passer cette crise dans un groupe de vingt-cinq à trente avec une seule institutrice et l'ATSEM débordée par les problèmes de propreté ?

En l'absence des secours nécessaires, les enfants ne peuvent, selon leurs dispositions de base, que *s'inhiber, se passiver, appauvrir leurs explorations spontanées, se sentir trop seuls*, voire *désespérés*, ou bien *se durcir dans des conduites agressives*, manier le défi, ou la sournoiserie, tout ce qui va vers ce qu'on appelle des « défenses de caractère », voire la *loi de la jungle*… Bonne recette pour *accroître dans la société les risques de violence* comme défense contre des vécus dépressifs inassumables et comme résultat des défauts de contention psychique des différentes pulsions, ou au contraire faire des *citoyens passifs, moutonniers, manquant de créativité*.

5. *Cf.* son intervention au colloque de l'Association française de psychiatrie du 1er avril 2005.

Suggestions

Un accueil à la rentrée de septembre pour les enfants de deux ans et neuf mois, âge atteint par les enfants qui auront trois ans à la fin de l'année civile en cours, ne me paraît pas impossible étant donné les observations mentionnées plus haut, sauf fragilité particulière, et dans tous les cas en prenant des précautions d'adaptation renforcées. Dénonçons au passage les effectifs déjà trop importants pour les enfants de trois à quatre ans. Si l'école veut s'ouvrir aux enfants plus jeunes que cet âge, cet accueil nécessiterait des remaniements profonds dont il sera question dans un autre chapitre.

Les espaces intermédiaires pour l'accueil en partenariat avec les classes passerelles, telle la maison des Trois Espaces, à Saint-Fons près de Lyon (M. Allafort Duverger, 2001[6]), et certainement d'autres, sont de très belles réalisations, y compris du point de vue du dépistage et de la prévention en santé mentale, de la sensibilisation à la vie psychique et à l'éducation précoce. Mais, après ce type d'accueil remarquable, encore faudrait-il pouvoir rester ensuite avec des groupes de douze à quinze avec deux adultes, ou de dix-huit à vingt avec trois, dont une spécialiste de la petite enfance telle une éducatrice de jeunes enfants, à moins de donner une formation vraiment particulière aux institutrices de maternelle chargées de ces postes, mais est-ce la même vocation ? Dans quel cadre organiser cet accueil et cette pluridisciplinarité d'encadrement ? Là aussi, je laisse ces points d'interrogation aux personnes autorisées.

6. Magali Allafort Duverger est enseignante en maternelle, maison des Trois Espaces, Saint-Fons (Rhône).

Enfin, nous voudrions souligner que *cette anticipation risquée de l'école à deux ans sans des aménagements,* qui sont loin d'être réalisés, comporte en outre un risque de faire *sommation avec d'autres anticipations*, qu'elles soient antérieures : *deux jours seulement en clinique d'accouchement au lieu d'une dizaine naguère, brièveté de notre congé maternité postnatal* (Haag M., 2002), dix semaines seulement, interrompant beaucoup trop tôt les échanges symbiotiques, pourtant reconnus comme établissant les fondements de sécurité de la personnalité ; ou anticipations à venir, comme des *apprentissages trop tôt imposés* et souvent réclamés par l'anxiété de l'avenir dans un esprit de compétition prématurée.

CHAPITRE 4

Quelles structures d'accueil pour les enfants de deux à trois ans ?

Hubert MONTAGNER

Le débat sur l'accueil des enfants à l'école maternelle dès l'âge de deux ans avait été bien ouvert par l'excellent ouvrage publié en 1984 par Bianca Zazzo *L'École maternelle à deux ans : oui ou non ?* Il est toujours d'actualité. Cependant, il doit être complété, précisé, « revisité » et élargi à la lumière des données de la recherche, des observations cliniques, des modifications institutionnelles apportées à l'école maternelle et à l'école élémentaire (notamment la création de cycles par la loi d'orientation de 1989), et enfin des réglementations ou innovations dans le fonctionnement des différents lieux d'accueil des jeunes enfants (domicile des assistantes maternelles, crèches familiales et collectives, haltes-garderies...). Sans compter le vécu et les réflexions des aides maternelles, des équipes éducatives et des groupes médico-psychologiques.

Je présenterai mon point de vue sur « La scolarisation à deux ans : une fausse bonne idée » à partir de données nouvelles ou insuffisamment connues qui ont été publiées, ou sont en cours de publication, sur les aspects interactifs

du développement et des conduites des enfants de deux à trois ans, en relation avec les constructions des deux premières années et la vie fœtale (Montagner, 2005, et à paraître chez Odile Jacob). C'est-à-dire :
– la genèse et les particularités d'un rythme biopsychologique clé (le rythme veille-sommeil) ;
– la rythmicité « associée » de la vigilance ;
– les phénomènes d'attachement et la sécurité affective ;
– l'organisation temporelle et comportementale qui sous-tend la conquête de l'environnement, les interactions sociales et les processus cognitifs, dès lors que l'enfant peut s'approprier toutes les dimensions de l'espace (Montagner 1993-2005).

Tout d'abord, on n'a pas suffisamment pris conscience de la très grande diversité des rythmes veille-sommeil des jeunes enfants et des conséquences entraînées par le non-respect des rythmes individuels. En outre, les fluctuations « associées » de la vigilance au cours de la journée sont généralement ignorées. Pourtant, elles sous-tendent, comme chez tout être humain, les variations de la réceptivité sensorielle, de la disponibilité, de l'attention sélective et des capacités de traitement de l'information. Parallèlement, on a trop souvent lié la notion d'attachement « secure » à la théorie comportementale de l'attachement, en l'opposant aux autres théories, en particulier la psychanalyse (pour l'attachement, voir Bowlby, 1958-1980 ; Montagner, 1988, 2003, 2004 ; Golse, 2000 ; Montagner et Stevens, 2003 ; Pierrehumbert, 2003). Pourtant, on peut aussi la concevoir dans le cadre plus général des liens interpersonnels et sélectifs qui génèrent et confortent un sentiment de sécurité affective, c'est-à-dire un équilibre intérieur qui permet aux enfants de tous âges de ne pas se sentir délaissés, abandonnés, rejetés ou en danger (pour les indicateurs comportementaux de la sécurité affective, voir Montagner, 2005, et à paraître chez Odile Jacob). Enfin, il est étonnant qu'on ait sous-estimé, mésestimé ou ignoré l'importance de l'appropriation de l'espace non seulement dans le développement de la motricité et des équilibres corporels, mais aussi dans le développement des relations sociales avec les pairs, ferments essentiels de la vie en groupe, c'est-à-dire la socialisation, dans le remodelage des processus cognitifs et dans les constructions symboliques (Montagner, 1995-2005 ; Montagner *et al.*, 1993, 1994).

J'aborderai donc le présent chapitre par le rythme veille-sommeil et le rythme « associé » de la vigilance au cours des journées passées à la crèche ou à l'école maternelle, par rapport aux journées dans le milieu familial. Puis j'expliquerai pourquoi et comment une meilleure prise en compte des rythmes individuels par ces structures permet à un enfant de deux à trois ans de continuer à vivre dans la sécurité affective de la « niche familiale », ou de « dépasser », au moins partiellement, l'insécurité affective qui le mine. Enfin, j'expliquerai pourquoi et comment, dans le cadre de rythmes respectés, la conquête de la troisième dimension de l'espace avec les pairs révèle les dessous de l'organisation comportementale et temporelle de chacun. Et, au-delà, les particularités psychiques qui sous-tendent les processus de socialisation et les constructions cognitives. Des comparaisons seront effectuées entre des groupes étudiés dans une situation contrôlée de recherche, des groupes du même âge accueillis dans des grandes sections de crèche et des groupes reçus dans des petites sections d'école maternelle.

Le rythme veille-sommeil et les fluctuations de la vigilance dans la journée

Quelques rappels sur le rythme veille-sommeil

Le rythme veille-sommeil a « banalement » deux composantes : l'une est circadienne et synchronisée par l'alternance du jour et de la nuit (circadien vient du latin *circa*, environ, et *dies*, jour : la période du rythme est d'environ vingt-quatre heures), et l'autre ultradienne (il s'agit du retour à intervalles plus ou moins réguliers d'une ou de plusieurs siestes pendant la « phase éclairée » ; plus généralement, la période d'un rythme ultradien peut être de quelques secondes, minutes ou heures selon les fonctions biologiques).

Le sommeil nocturne est composé de plusieurs cycles dont le premier est le plus long et le dernier le plus court. De la petite enfance aux âges adultes, la durée d'un cycle complet varie habituellement entre quatre-vingt-dix et cent vingt minutes selon l'individu, l'âge et différents facteurs que nous n'examinerons pas ici. Il comprend cinq états, phases ou stades. Les quatrième et cinquième se caractérisent par des tracés particuliers de l'activité électrique du cerveau et par des phénomènes remarquables au plan physiologique (en particulier dans les sécrétions hormonales et le « jeu » des neuromédiateurs), au plan comportemental et au plan psychique.

Le quatrième état, phase ou stade d'un cycle est le sommeil lent. Il est ainsi nommé parce que le cerveau est alors envahi par des ondes électriques lentes (à partir de l'âge de six mois, on distingue un sommeil lent léger et un sommeil lent profond). C'est à ce moment que se situe le « pic » de sécrétion de l'hormone de croissance par l'hypophyse. Comme son nom l'indique, cette hormone joue un rôle important dans la croissance et sa régulation. Mais elle a aussi des effets anabolisants. Elle intervient ainsi dans la synthèse des protéines et permet donc à l'organisme de reconstituer tous les jours les molécules nécessaires à son bon fonctionnement, ce qui vaut au sommeil lent d'être parfois qualifié de sommeil de récupération physique ou physiologique.

Le cinquième état, phase ou stade d'un cycle est le sommeil paradoxal. Il est ainsi nommé parce que le tracé électrique du cerveau se présente comme des successions d'ondes rapides et désynchronisées qui ressemblent à celles d'un électroencéphalogramme de veille, alors que, paradoxalement, le sommeil est très profond. Les globes oculaires sont animés de mouvements rapides sous les paupières. Il y a abolition du tonus des muscles de la nuque. C'est le moment « privilégié » des rêves fantasmatiques au cours desquels les images mentales mettent en scène l'inconscient, notamment dans ses profondeurs affectives et sexuelles. L'activité onirique s'accompagne d'érections du pénis ou du clitoris, et de bouffées dans les sécrétions d'hormones sexuelles. Au fond, le sommeil paradoxal peut être considéré comme une sorte de soupape mentale qui permet aux personnes de « purger » leur inconscient, ou de le sublimer, et de transgresser dans leurs rêves les règles, interdits et tabous de la vie sociale. Il est démontré que le sommeil paradoxal joue aussi un rôle dans la mémorisation des informations et dans la consolidation des apprentissages.

> « On retrouve la même architecture de l'activité électrique du cerveau dans le sommeil de sieste des jeunes enfants, notamment entre deux et trois ans » (Azour et Paty, 1997).

Quand la composante circadienne du rythme veille-sommeil est tout à fait installée dès la deuxième moitié de la première année (mais elle l'est souvent aux âges de trois ou quatre mois), l'enfant ne se réveille plus au cours de la nuit. Son premier cycle de sommeil nocturne comprend surtout du sommeil lent et peu de sommeil paradoxal. Cette répartition reste inchangée au cours des mois suivants, et au-delà (pour plus de détails, voir Challamel, 1988-2001). Sans faire de finalisme, on peut remarquer que la représentation massive du sommeil lent au début du sommeil de nuit coïncide avec une priorité vitale : grandir et se développer, mais aussi récupérer des fatigues physiques et physiologiques qui se sont accumulées pendant les temps d'éveil. Les proportions de sommeil lent et de sommeil paradoxal s'inversent au fil des cycles qui se succèdent pendant la nuit. En effet, de l'endormissement du soir au réveil matinal, le sommeil lent occupe une place de moins en moins importante alors que le sommeil paradoxal est de mieux en mieux représenté. Le sommeil paradoxal envahit le cycle qui précède le réveil, comme si la personne devait se purger de ses fantasmes et de ses « transgressions » pour se mettre en conformité avec les règles, interdits et tabous de la vie familiale et sociale qu'elle va retrouver.

> Ce sont donc d'importantes régulations physiologiques et psychiques qui se succèdent au cours des cycles de sommeil, en particulier chez les jeunes enfants.

Le rythme veille-sommeil des enfants de deux à trois ans

Le sommeil nocturne

La durée du sommeil nocturne est le plus souvent stable ou peu variable entre deux ans et deux ans et demi :

sauf événement perturbateur (maladie, difficultés relationnelles, naissance d'une sœur ou d'un frère, déménagement, conflit aigu ou rupture entre les parents, changement de mode de garde...), la plupart des enfants conservent d'un jour à l'autre un sommeil ininterrompu d'une durée de onze à treize heures. Chez les « très longs dormeurs » (20 à 30 % des enfants selon les études), elle est régulièrement supérieure à douze heures, non seulement entre deux ans et deux ans et demi, mais aussi jusqu'à quatre, cinq ou six ans, le plus souvent au-delà, comme le montrent les études réalisées avec des enfants d'école maternelle et d'école élémentaire.

Cependant, la durée du sommeil nocturne peut décroître de façon relativement importante au cours de la deuxième moitié de la troisième année. Elle peut en effet descendre, selon les groupes étudiés, au-dessous de neuf ou dix heures chez 10 à 20 % des enfants âgés de trois ans, soit régulièrement, soit par paliers (les études réalisées à l'école maternelle montrent que, entre trois et six ans, ils font partie des « courts dormeurs »).

> On voit donc s'ébaucher entre deux et trois ans les profils que l'on qualifie de « long dormeur de nuit » et de « court dormeur de nuit ». Ils sont de plus en plus nets et significatifs entre trois et six ans.

La ou les siestes

• LA PERSISTANCE DE LA SIESTE DE LA MI-JOURNÉE

Entre deux et trois ans, les jours avec une seule sieste à la mi-journée deviennent largement majoritaires : ils représentent entre 60 et 75 % de l'ensemble des jours selon les enfants et les lieux d'étude (pour l'évolution du rythme veille-sommeil au cours des trois premières années, voir Koch *et al.*, 1984 ; Soussignan *et al.*, 1985 ; Roquefeuil *et al.*,

1992, 1993 ; Montagner, 1994-2006). Les indicateurs de faible vigilance qui annoncent l'endormissement sont de plus en plus fréquents entre 11 heures et 12 heures. Lorsqu'il n'y a pas de facteur de perturbation, presque tous les enfants sont endormis entre 12 heures et 12 h 30.

Lorsque les enfants font encore la sieste, et s'ils n'ont pas de difficulté d'endormissement, sa durée varie habituellement entre une et deux heures (70 à 80 % des observations). Si elle peut s'élever à plus de deux heures trente minutes chez 5 à 10 % des enfants, elle est inférieure à moins de soixante minutes chez d'autres (10 à 15 %), soit régulièrement, soit occasionnellement.

Lorsque la durée du sommeil nocturne reste stable entre deux et trois ans, la durée de la sieste à la mi-journée est également stable ou peu variable chez environ 80 % des enfants, sauf lorsqu'il y a un événement perturbateur. Le plus souvent, la durée de la sieste diminue lorsque les enfants ont dormi plus longtemps pendant la nuit précédente. Inversement, elle augmente si le sommeil nocturne a été interrompu ou écourté. Un déficit de sommeil nocturne est donc habituellement compensé par une augmentation de la durée de la sieste au cours de la journée suivante (Klackenberg, 1982 ; Basler *et al.*, 1980 ; Koch *et al.*, 1984 ; Soussignan *et al.*, 1985). En tout cas, lorsque l'environnement s'y prête, c'est-à-dire lorsque l'ambiance et l'aménagement des lieux favorisent l'endormissement et le sommeil ininterrompu à la maison, à la crèche ou à l'école maternelle. Parallèlement, lorsque la sieste se prolonge, la durée du sommeil diminue au cours de la nuit suivante.

Cependant, chez certains enfants, ou certains jours pour le même enfant, une modification dans la durée du sommeil nocturne par rapport à celle qu'on observe habituellement, n'influence pas la durée du sommeil de sieste. Il arrive même qu'un sommeil de nuit de plus longue durée qu'à l'ordinaire soit suivi d'un épisode de sieste lui aussi plus long que les journées précédentes, et inversement (Koch *et al.*, 1984 ; Soussignan *et al.*, 1985).

Enfin, dans 10 à 25 % des jours, les enfants font le plus souvent deux siestes dans la journée, parfois trois, mais plus rarement.

En résumé, chaque enfant a sa « carte d'identité veille-sommeil », c'est-à-dire des caractéristiques personnelles dans la durée du sommeil nocturne, dans le nombre des siestes et leur durée (en particulier celle de la mi-journée), dans les influences réciproques entre la « dernière sieste » et le sommeil de nuit. Cependant, dans la majorité des cas, une augmentation de la durée de la sieste compense un déficit de sommeil nocturne, que le déficit soit dû à un vécu personnel (maltraitance, maladie, frustration, événement inhabituel dans la journée…) ou à des particularités familiales (conflits entre les parents, ambiance bruyante, rythmes d'activité « erratiques » de la mère, du père ou de la fratrie). Enfin, certains enfants s'endorment deux ou même trois fois au cours de la « phase diurne ».

• LA « DISPARITION » DE LA SIESTE À LA MI-JOURNÉE

Environ 10 % des enfants de deux ans ne s'endorment plus à la mi-journée. Ils sont déjà installés dans la seule composante circadienne du rythme veille-sommeil : au cours des vingt-quatre heures, ils alternent de plus en plus régulièrement un seul épisode de sommeil nocturne et un seul épisode de veille diurne, quel que soit leur lieu de vie, et quels que soient les rythmes des autres personnes du milieu familial et les rythmes sociaux. Ils ont donc déjà un rythme veille-sommeil analogue à celui des adultes. Lorsque les enfants ne font plus la sieste, leur vigilance reste faible à la mi-journée.

La disparition de la sieste de la mi-journée laisse donc une « empreinte » sous la forme d'une « vigilance déprimée ». Ce phénomène persiste à tous les âges, y compris chez les écoliers, les collégiens, les lycéens et les personnes plus âgées (Montagner, 1983 ; Testu, 1986-2002 ; Koch *et al.*, 1987 ; Montagner et Testu, 1996 ; Montagner *et al.*, 2002).

La « vigilance déprimée » n'apparaît pas induite par le déjeuner. Le moment où elle s'installe et la fréquence des indicateurs de non-vigilance (bâillements, fermetures et clignotements des yeux, affalements sur le sol ou sur une table, absence de réponse aux sollicitations...) ne sont pas significativement modifiés par « l'heure » du repas ou par sa composition. La « vigilance déprimée » de l'après-repas et du début de l'après-midi correspond à la baisse de la vigilance corticale qui ressort des recherches en neurobiologie.

Si on considère les enfants qui ne s'endorment pas certains jours entre 12 heures et 13 heures alors qu'ils font habituellement la sieste, cela coïncide avec une altération de leur état de santé (rhinopharyngite, bronchite, désordre intestinal...), une dégradation des relations au sein de la famille, ou une modification de l'environnement dans l'un ou l'autre des lieux de vie.

• LE MOMENT DE 8 H 30 À 9 HEURES OU 9 H 30

Alors que l'épisode de sieste autour de 9 heures s'éteint entre un et trois ans, le moment de 8 h 30 à 9 h 30 pour un réveil autour de 7 heures reste marqué par une faible vigilance chez la grande majorité des enfants. En effet, les indicateurs de non-vigilance sont alors accentués, fréquents et durables, en particulier les bâillements, les fermetures et clignotements des yeux, les affalements sur le sol ou sur une table. De toute évidence, « le cerveau n'est pas encore vraiment réveillé ». En tout cas, son activation n'est pas suffisante pour que l'enfant puisse être dans un état d'alerte active qui lui permette d'être réceptif et attentif, et de traiter les informations de l'environnement. Il n'est pas rare que, blotti dans les bras de sa mère ou de son père, agrippé à leur cou, installé dans un siège de la voiture familiale ou dans une poussette, l'enfant paraisse enfermé dans une bulle d'apathie, d'indifférence ou de somnolence qui le coupe du monde extérieur. Ou, alors, il se noie dans les pleurs et se montre réfractaire aux gestes et paroles d'apaisement. Inconsolable, il apparaît fermé au monde extérieur. Il arrive qu'il s'endorme avant d'être confié à une assistante maternelle, une crèche ou une école maternelle.

Cependant, trois types d'organisation temporelle se dégagent clairement entre deux et trois ans au cours de l'heure qui suit l'arrivée des enfants dans une structure d'accueil, c'est-à-dire entre 7 h 30 et 9 h 30 à la crèche, et entre 8 h 30 et 9 h 30 à l'école maternelle.

Les enfants qui redeviennent « rapidement » vigiles. Il s'écoule relativement peu de temps, le plus souvent moins de vingt minutes, pour que certains enfants puissent développer un niveau de vigilance suffisamment élevé qui leur permette de focaliser et de maintenir une attention sélective par rapport aux différentes composantes de l'environnement. Ils libèrent sans délai important l'ensemble de leurs émotions et de leurs compétences-socles, c'est-à-dire l'attention visuelle soutenue, l'élan à l'interaction, les comportements affiliatifs, les imitations, l'organisation structurée et ciblée du geste (Montagner, 1995-2005). Ils sont prêts à s'engager rapidement dans des interactions avec leurs différents partenaires et à mobiliser leurs processus cognitifs dans la manipulation des objets, la conquête de l'environnement, la « résolution de problèmes » (puzzles, « jeux éducatifs »...) et les apprentissages.

Les enfants auxquels il faut du temps pour devenir vigiles. Il faut à la majorité des enfants beaucoup plus de temps, parfois plus d'une heure, voire une heure et trente minutes, ou même deux heures, pour être tout à fait attentifs à l'environnement, même s'il est devenu familier, et pour s'engager dans l'une ou l'autre des conduites évoquées ci-dessus. Leur niveau d'alerte reste faible vis-à-vis des stimulations de l'environnement : après avoir été accueillis dans la même crèche ou la même petite section d'école maternelle que les précédents, et alors qu'ils se sont réveillés à la même heure, ces enfants sont encore peu réactifs quarante à soixante minutes plus tard à ce qui se passe autour d'eux. Ils répondent moins souvent, moins nettement et avec plus de retard à un bruit inhabituel, à une sollicitation gestuelle ou verbale, à l'absence de l'un ou l'autre des partenaires habituels, ou encore à l'arrivée d'une personne extérieure. Ou bien ils ne répondent pas. Il leur faut plus de temps pour sortir de leur « monde intérieur », pour libérer leurs émotions, leurs compétences-socles, leurs conduites sociales et leurs processus cognitifs dans des activités individuelles ou collectives.

Les enfants fluctuants. D'autres enfants fluctuent d'un jour à l'autre entre ces deux types d'organisation temporelle en fonction de leur état physiologique ou de leur état psychologique. Celui-ci peut être lié à leur vécu dans le milieu familial, aux événements survenus au cours de la nuit, au réveil, à ce qui s'est passé au cours du trajet de la maison à la crèche ou à l'école maternelle, ou au climat relationnel à l'arrivée dans la structure d'accueil.

Les phénomènes observés de 8 h 30 à 9 heures ou 9 h 30 persistent à tous les âges. Le moment de 8 h 30 à 9 heures ou 9 h 30 selon les enfants, les âges ou les jours, reste marqué tout au long de la petite enfance, et au-delà, par un niveau de vigilance plus faible que pendant les heures suivantes, qu'il s'agisse des élèves de l'école primaire, des collégiens, des lycéens ou de la plupart des adultes (pour les enfants des écoles maternelles). Par exemple, et à titre indicatif, 68 % des enfants du cours préparatoire (ils ont entre six et sept ans) bâillent entre 9 heures et 9 h 30 (Koch *et al.*, 1987). La fréquence des bâillements est alors la plus élevée de la journée (avec l'après-repas et le début de l'après-midi). Il en est de même pour les affalements sur le sol ou sur une table.

À tous les âges, on retrouve sur cette toile de fond les trois organisations temporelles que nous avons distinguées : les enfants qui sont rapidement vigilants, les enfants auxquels il faut du temps pour devenir vigiles et les fluctuants.

En résumé, entre deux et trois, ans, le rythme ultradien veille-sommeil est « remplacé » par un rythme ultradien de « faible vigilance-forte vigilance » dont la période est la même : les moments de faible vigilance coïncident avec les deux dernières siestes (autour de 9 heures et à la mi-journée). Parallèlement, c'est entre 9 h 30 et 11 heures puis entre 15 heures-15 h 30 et 16 h 30-17 heures, selon les enfants et les jours, que le niveau de vigilance est le plus élevé, et donc que la réceptivité, l'attention, la disponibilité et les capacités de traitement de l'information sont maximales.

La prise en compte des rythmes individuels

Les conditions de vie quotidienne devraient permettre de respecter le rythme veille-sommeil et le rythme de « faible vigilance-forte vigilance » des enfants de deux à trois ans.

LE RESPECT DU RYTHME CIRCADIEN VEILLE-SOMMEIL

Sans entrer ici dans les détails, lorsque la composante circadienne de leur rythme veille-sommeil est régulièrement synchronisée par l'alternance du jour et de la nuit, les enfants ont une forte probabilité d'être en phase avec les rythmes familiaux et les rythmes sociaux, ils ont plus de chance de ne pas être fortement décalés ou à « contre-phase ». Ils ne se réveillent plus la nuit, leur endormissement et leur réveil se font à des heures peu variables (la période est de vingt-quatre heures à quelques minutes près, comme c'est déjà le cas à partir de l'âge de quatre ou cinq mois : Roquefeuil *et al.*, 1992, 1993). Même s'il arrive qu'ils soient perturbés un jour ou l'autre par des facteurs personnels (état de santé, rage de dents, frustration...) ou familiaux (Montagner, 2005, et à paraître chez Odile Jacob). Développée par les professionnels des structures d'accueil de la petite enfance et par les médecins de la Protection maternelle et infantile, une information non culpabilisante des parents peut les aider à mieux s'organiser pour synchroniser le rythme veille-sommeil de leur enfant sur l'alternance du jour et de la nuit.

Le respect du rythme ultradien veille-sommeil (ou des siestes)

Parallèlement, les différentes personnes des lieux de vie (« niche familiale », assistante maternelle, professionnels de la crèche ; pour l'école maternelle), s'organisent pour que chaque enfant puisse dérouler complètement son ou ses épisodes de sieste au(x) moment(s) où les indicateurs de sommeil deviennent évidents puis envahissants. Concrètement, à la maison, à l'arrivée au domicile de l'assistante maternelle ou à la crèche, les enfants qui développent encore un épisode de sommeil entre 8 h 30 et 9 h 30 sont conduits dans un lieu dont l'emplacement, l'ambiance et l'aménagement facilitent l'endormissement. Il en est de même à la mi-journée après le déjeuner et les soins hygiéniques : les enfants sont emmenés dans le lieu de sommeil entre 11 h 30 et 12 heures, c'est-à-dire trois heures environ après la première sieste (ou le premier temps de « vigilance déprimée » qui la « remplace » autour de 9 heures). Ces pratiques sont donc en coïncidence avec la période du rythme ultradien veille-sommeil. Les dormeurs peuvent ainsi vivre un épisode de sieste au(x) moment(s) où ils sont prêts à s'endormir. Cela, dans un secteur conçu pour la détente corporelle et mentale, en continuité à la mi-journée avec les temps d'alimentation et de soins hygiéniques.

Mais il faut aussi aménager le temps et l'espace pour ceux qui ne s'endorment pas. Tout d'abord autour de 9 heures (la plupart des enfants sont alors en déficit de vigilance), surtout quand ils cumulent à la maison les troubles du sommeil et l'insécurité affective. On respecte ainsi le rythme ultradien de « faible vigilance-forte vigilance », si important pour que chaque enfant puisse révéler et structurer ses compétences au cours de la matinée et dans l'après-midi. S'agissant de la crèche, on peut proposer des aménagements fondés sur la recherche et l'innovation (Montagner, 1988-2006). C'est le cas, par exemple, de la crèche de « L'Antenne petite enfance de Franche-Comté » à Besançon et de la crèche municipale « Blanche-Neige » à Montpellier. Dans ces structures, l'accueil personnalisé de l'enfant et de son ou ses accompagnateurs se déroule entre 7 h 30 et 9 heures dans un espace situé entre le sas de la porte d'entrée et les lieux de vie pour la journée. Ce secteur est conçu pour que chaque enfant ait le temps de « bien se réveiller » et de se séparer du ou des parents dans une ambiance apaisante, rassurante et anxiolytique. Il a également pour fonction de donner à chacun le temps qu'il lui faut pour gommer ou dépasser les peurs et l'insécurité affective qu'il a pu développer « en amont ». Par exemple, quand il s'est senti délaissé, bousculé, rejeté, agressé ou en danger, ou encore quand il a vécu à la maison l'inquiétude, l'anxiété ou l'angoisse d'une mère, d'un père ou d'une famille en difficulté physiologique, morale, sociale… (pour les aménagements d'espace et les indicateurs d'insécurité affective, voir Montagner, 1995-2006). Les enfants peuvent ainsi vivre un « temps-sujet » dans un « lieu intermédiaire » entre le dehors (lieux extérieurs) et le dedans (lieux de vie pour la journée).

Les observations montrent effectivement que la plupart des enfants s'apaisent dans ce lieu, y compris les plus insécurisés : les agrippements du parent, les geignements, les pleurs, les tremblements et les spasmes du sanglot ont alors une forte probabilité de ne pas apparaître, de s'atténuer ou de s'éteindre. En présence du ou de(s) parent(s) et des professionnels de la structure d'accueil, chaque enfant dispose d'un temps personnel pour sortir de ses peurs ou inquiétudes, de son anxiété ou angoisse, de ses blocages ou inhibitions. C'est « à son rythme » (quand il est prêt) qu'il peut libérer ses émotions sans retenue : il éclate de rire, joue à se faire peur ou à être en colère, fait semblant d'être triste... notamment avec ses pairs. Cette libération émotionnelle a une forte probabilité de faciliter une séparation mutuellement consentie avec le(s) parent(s), en tout cas sans stress ni détresse. Sauf événement imprévu et insécurisant, quand les enfants ont vécu un « temps-sujet » dans un « lieu intermédiaire », ils se montrent réceptifs, attentifs et disponibles entre 9 heures-9 h 30 et 10 h 30 ou 11 heures, selon les enfants et selon les jours.

Considérant les « non-dormeurs de sieste » au début de l'après-midi, il est également souhaitable qu'ils puissent vivre un « temps-sujet », non pas dans le même lieu que les dormeurs (sauf s'ils le souhaitent), mais dans un « lieu de transition » entre d'une part les temps du repas et des soins corporels de la fin de la matinée et d'autre part les temps d'activité de l'après-midi. On leur permet ainsi de vivre un moment personnalisé de détente corporelle et mentale sans les enfermer dans une situation de sieste alors qu'ils ne s'endorment plus. Cela en coïncidence avec le deuxième temps de moindre vigilance du rythme ultradien de « faible vigilance-forte vigilance ».

> Un « temps-sujet » au début de la matinée et de l'après-midi permet à tous les enfants de recharger la « batterie de la vigilance » et la « batterie de la sécurité affective » avant de mettre en route le « moteur du bolide corporel » et l'« ordinateur cérébral », alimentés par le « carburant » des relations accordées qui se développent avec les partenaires disponibles.

Les interactions avec des animaux devenus familiers (hamsters, cobayes, lapins...) jouent un rôle non négligeable dans ces processus (Montagner, 2002).

Le non-respect des rythmes dû aux conditions de vie quotidienne

La synchronisation veille-sommeil perturbée

La plupart des enfants qui ont des troubles persistants du sommeil nocturne ne sont pas clairement et régulièrement synchronisés par l'alternance du jour et de la nuit. Ils ont des difficultés à s'endormir le soir et n'ont pas encore stabilisé un long épisode de sommeil ininterrompu au cours de la nuit. Beaucoup se réveillent en pleurant, certains ont des terreurs nocturnes. Ils paraissent excités à leur arrivée dans la structure d'accueil. Ils ne tiennent pas en place, foncent pour occuper un espace habituellement attractif (toboggan, manège, plateforme...), passent d'un lieu à un autre dans le même mouvement, s'engagent dans les couloirs, pénètrent dans les secteurs habituellement interdits, se saisissent des objets et les projettent dans n'importe quelle direction. En d'autres termes, ils ne tiennent pas en place. On dit communément qu'ils sont « énervés » ou « hyperactifs ». Nous préférons les décrire comme des enfants du « mouvement pour le mouvement » : ils se comportent en effet comme s'ils n'avaient d'autre perspective ou de but que l'enchaînement des épisodes de locomotion (marche, course, bonds...), des gesticulations et des actes les plus divers.

Entre 9 h 30 et 11 heures, alors que la vigilance est habituellement élevée chez les autres enfants, il n'est pas rare que les enfants du « mouvement pour le mouvement » bousculent ou renversent ceux qui se trouvent sur leur trajectoire, ou qu'ils balayent et dispersent les objets. Ils peuvent participer à des interactions affiliatives, mais c'est épisodique et peu durable. À la fin de la matinée, ils alternent surtout les agressions, les épisodes de pleurs et les isolements, soit « spontanément » (sans raison apparente), soit en réponse à des refus, évitements, coups, morsures, griffures… Ils paraissent alors fatigués, parfois épuisés et vidés de leur énergie : ils se couchent ou se recroquevillent sur le sol ou sur une table, le visage congestionné et le regard vide. Ils repoussent ou rejettent les objets proposés et ne répondent pas aux sollicitations. Ils paraissent victimes de ce qu'on appelle communément un « coup de pompe ». Conduits ou portés dans un lieu aménagé pour la sieste… quand ils acceptent, ils ont des difficultés à se calmer, à se détendre et à s'endormir. Quand ils y parviennent, ils sont souvent agités dans leur sommeil. L'après-midi, on les retrouve dans le « mouvement pour le mouvement ». Les retrouvailles avec la mère ou les parents sont le plus souvent conflictuelles, l'enfant est « évitant » ou « résistant ». Leurs relations ne sont pas ajustées et ne paraissent pas accordées. Leur attachement paraît « non secure » ou « insecure » (Montagner, 2005, et à paraître chez Odile Jacob).

Cependant, quelques-uns des enfants qui, régulièrement, selon les parents ou les grands-parents, ne dorment pas assez ou suffisamment bien (ils sont agités dans leur sommeil ou se réveillent) sont au contraire éteints et autocentrés. Ils ne paraissent pas concernés par l'environnement. Là encore, l'enfant ne semble pas avoir noué d'attachement « secure » avec l'un ou l'autre de ses partenaires familiaux.

Les structures d'accueil peuvent contribuer à réduire la « suractivité » ou les conduites autocentrées des enfants dont le rythme circadien veille-sommeil et les processus d'attachement sont perturbés, et en même temps à structurer leurs comportements et à faciliter leurs différentes constructions. Mais seulement si certaines conditions sont réunies.

La ou les siestes difficiles

• LES CRÈCHES

Il est regrettable que, dans la plupart des crèches, il n'y ait pas un « lieu intermédiaire » suffisamment grand et bien aménagé pour accueillir le matin les enfants et leur(s) parent(s), ni un espace de transition distinct du lieu de sommeil pour la mi-journée à l'intention des non-dormeurs réguliers, de ceux qui ne s'endorment pas un jour ou l'autre, et aussi de ceux qui sont en difficulté (fatigue, sortie de maladie, maltraitance, conflits au sein de la famille...). De tels aménagements sont nécessaires si on veut respecter à la fois le rythme « ultradien veille-sommeil » de tous les enfants et le rythme de « faible vigilance-forte vigilance » qui le « remplace » plus ou moins progressivement entre deux et trois ans.

Ces lieux sont indispensables pour que les enfants ayant des troubles du sommeil, du comportement et/ou de l'attachement, notamment ceux du « mouvement pour le mouvement » et les autocentrés, puissent mieux réguler leur rythme veille-sommeil et assumer leur vigilance. Mais aussi, pour qu'ils puissent réduire leur insécurité affective, canaliser leur « suractivité » ou sortir des conduites de repli sur soi-même. C'est l'une des conditions à remplir si on veut que, pendant les temps forts de la vigilance, tous les enfants puissent révéler et structurer leurs compétences cachées et qu'ils puissent acquérir de nouvelles capacités.

• LES HALTES-GARDERIES

Dans les haltes-garderies, les arrivées se font à des heures beaucoup plus variables qu'à la crèche, ce qui implique la disponibilité à tout moment d'une personne au moins pour recevoir l'enfant et son accompagnateur à leur arrivée. Cette condition est actuellement loin d'être remplie faute de personnels en nombre suffisant. En outre, sauf exception (par exemple, la halte-garderie « L'eau des collines » à Draguignan), l'architecture, les espaces réduits et le mode de fonctionnement permettent rarement d'aménager un espace d'accueil intermédiaire entre le « dehors » et le « dedans », un lieu de sieste pour les dormeurs occasionnels du matin ainsi qu'un lieu aménagé de transition pour la détente corporelle et mentale des non-dormeurs de la mi-journée.

• LES PETITES SECTIONS D'ÉCOLE MATERNELLE

S'agissant des petites sections d'école maternelle qui accueillent actuellement les enfants de deux ans et demi à quatre ans (plus rarement dès l'âge de deux ans, « faute de place »), il leur est difficile ou impossible d'organiser un accueil aussi personnalisé que dans une crèche, d'aménager de façon aussi adaptée le temps et les espaces pour respecter les différentes « cartes d'identité veille-sommeil » et pour tenir compte du rythme de « faible vigilance-forte vigilance ». À cela il y a plusieurs raisons.

Il y a rarement à l'école maternelle un secteur d'accueil exclusivement réservé aux enfants des petites sections, et donc clairement distinct des lieux d'arrivée et de passage des plus âgés accueillis dans les moyenne(s) et grande(s) sections. Faute de locaux suffisants, l'accueil se fait directement dans la classe, plus souvent à la porte de la classe (parfois à l'entrée de l'école) ou dans un couloir partagé avec les autres sections, et donc souvent dans une ambiance de bruits, de cris, de pleurs, d'allées et venues et de bousculades, parfois d'agressions. L'accueil du matin ne peut être sécurisant dans de telles conditions, quelles que soient les qualités humaines et professionnelles de l'enseignante et de l'aide maternelle. Deux personnes ne peuvent faire face au nombre élevé d'enfants et de familles qui arrivent au même moment (les petites sections reçoivent le plus souvent entre vingt et trente enfants, parfois moins, mais parfois davantage). En conséquence, dans les conditions actuelles de son fonctionnement, la petite section de l'école maternelle ne peut assurer au moment de l'accueil ni la continuité affective pour les enfants et familles « ordinaires » qui ont noué peu ou prou un attachement « secure » entre eux, ni la restauration de la sécurité affective pour les enfants et familles insécurisés qui cumulent les difficultés personnelles, familiales et sociales. Cette situation existe même lorsque les arrivées échelonnées sont acceptées, et même s'il arrive que des parents ou des aides éducateurs participent à l'accueil.

Faute de locaux suffisamment vastes et d'espaces aménagés, la petite section de l'école maternelle peut rarement organiser autour de 9 heures un temps de sieste pour les dormeurs habituels de deux à trois ans dont le rythme ultradien comporte encore deux épisodes de sommeil diurne, ou pour les dormeurs occasionnels qui ne sont pas encore passés régulièrement de deux siestes à une seule. Mais aussi pour les enfants qui ont des troubles du rythme veille-sommeil et qui doivent compenser plus ou moins souvent des déficits de sommeil nocturne. En outre, la petite section peut rarement organiser autour de 9 heures un « lieu intermédiaire » pour permettre à tous les enfants de retrouver un niveau de vigilance suffisamment élevé pour être réceptifs, attentifs et disponibles. Et aussi, pour leur donner la possibilité de s'apaiser et de se rassurer, surtout quand ils « transportent » à l'école une forte insécurité affective et des peurs paralysantes. C'est-à-dire, essentiellement, les enfants qui cumulent à la maison les difficultés personnelles, familiales et sociales.

Habituellement identique ou analogue à celle des autres sections de l'école maternelle et des classes de l'école élémentaire, la journée scolaire ne permet pas de respecter l'après-midi le rythme ultradien veille-sommeil et le rythme de « faible vigilance-forte vigilance » des enfants. Elle est en effet constituée d'une matinée pédagogique dont la durée est habituellement de trois heures (8 h 30-11 h 30), d'un temps de restauration à la mi-journée et d'un après-midi pédagogique (13 h 30-16 h 30). Une journée scolaire ainsi organisée ne permet pas aux différents enfants de vivre leur épisode de sieste au moment où ils sont prêts à s'endormir et s'endorment, lorsqu'ils sont dans le milieu familial (maladies, jours fériés, vacances...). Plus généralement, elle ne permet pas davantage de prendre en compte le rythme de « faible vigilance-forte vigilance » des différentes classes d'âge, quels que soient le mode de fonctionnement de l'école maternelle et les choix familiaux. Sauf exception, il n'y a en effet que deux possibilités :

– Une première est que les enfants soient conduits dans un lieu de restauration à la fin de la matinée scolaire (le plus souvent, la cantine de l'école), et qu'ils reviennent en classe après le repas (entre 12 h 30 et 13 heures) pour y vivre un épisode de sieste. Les observations montrent que, selon les écoles, les habitats et les zones urbaines, quelques-uns ou la plupart ne parviennent pas à s'endormir car l'heure habituelle d'endormissement à la maison pendant les jours non scolaires est passée. En outre, le lieu de restauration est souvent un lieu d'insécurité ajoutée et de stress à cause du bruit, des bousculades, des allées et venues et des agressions. Et faute d'un temps suffisant qui permette à chacun de déjeuner « à son rythme », surtout quand la cantine est partagée avec des enfants plus âgés de l'école maternelle, et parfois de l'école élémentaire. Une telle ambiance de cantine perturbe encore davantage le temps du sommeil de sieste. Revenus dans leur classe ou conduits dans un autre lieu, beaucoup d'enfants ne parviennent pas à s'endormir ou se réveillent en larmes. En outre, certains refusent de manger ou régurgitent ce qu'on leur propose (impose) soit occasionnellement, soit régulièrement. Enfin, combien de cantines élaborent des menus « spécifiques » pour les plus jeunes en tenant compte non seulement des principes de la diététique, mais aussi des aversions, des phobies, des réactions allergiques, des prescriptions médicales et des « contraintes culturelles » ?

Une telle organisation de la journée scolaire ne favorise pas un sommeil de sieste apaisé et réparateur, surtout chez les plus jeunes et les plus insécurisés qui cumulent les troubles du sommeil et les difficultés personnelles, familiales et sociales. C'est particulièrement évident dans les zones d'éducation prioritaire (ZEP). On rappellera que la France est l'un des trois pays dont la journée scolaire est la plus longue du monde (six heures de temps contraint à l'école), et qu'elle impose en outre la même journée à tous les enfants-élèves, de la petite section d'école maternelle au cours moyen deuxième année. Ce qui, bien évidemment, n'a pas de sens.

– Une deuxième possibilité est que les enfants retrouvent l'un ou l'autre de leurs parents à la fin de la matinée, puis déjeunent à la maison (ou au domicile d'une personne de proximité familiale). Leur épisode de sieste est alors souvent décalé par rapport aux jours non scolaires en raison du télescopage des « temps de midi » (temps d'accueil par le parent, temps de rencontres et de conversations, temps plus ou moins long du retour à la maison, temps de préparation et de consommation du repas, temps d'écoute, de convivialité, d'interactions accordées et de tendresse...). En outre, si les enfants s'endorment après le déjeuner et s'ils sont réveillés pour être reconduits à l'école maternelle, ou encore s'ils arrivent bien après l'accueil du début de l'après-midi, c'est-à-dire autour de 14 h 30 et parfois plus tard, beaucoup ne parviennent pas à s'endormir dans la situation de sieste qui leur est proposée alors qu'ils sont des « dormeurs réguliers de sieste » au cours des journées non scolaires. Quand ils ont vécu un temps de midi conflictuel, certains arrivent en pleurs et mettent du temps à s'apaiser. S'ils s'endorment, c'est avec du retard par rapport à la majorité des pairs arrivés entre 13 h 15 et 13 h 45. Ils sont donc en décalage pour les activités de l'après-midi... quand ils peuvent s'y engager en raison de leur réveil tardif et du temps nécessaire à la restauration de la vigilance. Ils se réveillent parfois une demi-heure avant l'« heure des mamans », ou doivent même être réveillés dans cette perspective. Ce qui ne facilite pas des retrouvailles apaisées.

> Beaucoup d'enfants des petites sections d'école maternelle sont donc en manque de sommeil de sieste apaisé et réparateur, et sont en outre « déphasés » par rapport aux pairs au cours de l'après-midi.
>
> Quels que soient le choix de la famille et les possibilités de restauration offertes par l'école maternelle, le non-respect du rythme ultradien veille-sommeil et du rythme ultradien de « faible vigilance-forte vigilance » est une source de perturbations pour le reste de l'après-midi à l'école, au retour dans le milieu familial, et parfois tout au long de la soirée jusqu'au moment du sommeil nocturne.
>
> En résumé, le ratio de deux professionnels pour vingt à trente enfants ou davantage (rarement moins de vingt), l'insuffisance des lieux et stratégies d'accueil, l'insuffisance et le non-aménagement des locaux ainsi que le type d'organisation de la journée scolaire ne permettent pas de respecter la « carte d'identité veille-sommeil » des

différents enfants ni, plus généralement, le rythme de « faible vigilance-forte vigilance » de la classe d'âge de deux à trois ans (on verra plus loin toute l'étendue des conséquences).

Sauf, peu ou prou selon les enfants, quand la journée scolaire se limite à une matinée qui respecte les arrivées et départs échelonnés, et quand la famille peut faire coïncider la sieste de la mi-journée avec celle qui survient « spontanément » pendant les jours non scolaires. Cependant, l'aménagement de l'espace peut apporter des améliorations. On citera ici la petite section de l'école maternelle « La Prairie » de Baume-les-Dames dans le Doubs. Aménagée il y a plus de vingt ans par Yvette Durin, conseillère pédagogique (voir la vidéocassette *Dis maîtresse... on peut ?*, réalisée par la SAVEC et la MGEN), elle est maintenant « banalisée » faute de connaissances, de réflexions et de savoir-faire du « système Éducation nationale » !

Les « libérations » de la troisième année

Le respect du rythme veille-sommeil et la prise en compte du rythme « faible vigilance-forte vigilance » permettent des « libérations tous azimuts ».

En effet, l'« émergence » (la lisibilité), l'organisation et la fonctionnalité des différentes compétences et constructions du jeune enfant sont étroitement dépendantes des capacités des familles et des institutions à respecter son rythme veille-sommeil et son rythme ultradien de « faible vigilance-forte vigilance », quel que soit le poids supposé des facteurs génétiques et quelles que soient les particularités objectives du développement individuel avant et après la naissance.

S'agissant du temps passé dans la famille, la synchronisation régulière du rythme veille-sommeil sur l'alternance du jour et de la nuit et l'organisation de la journée en fonction des variations de la vigilance apparaissent étroitement corrélées à l'installation et au renforcement des interactions accordées (« accordages » ou « attunement » : Stern, 1982, 1985) qui fondent un attachement « secure », en tout cas « non insecure », entre l'enfant et au moins un partenaire familial (ordinairement la mère, parfois le père ou les deux parents, ou encore un grand-parent, une sœur...). Par interactions accordées, il faut entendre non seulement l'ajustement réciproque des comportements, mais aussi des émotions, des affects et des « rythmes d'action ». Lorsque ces conditions sont remplies à la maison, les enfants de deux à trois ans dévoilent clairement à la crèche l'« architecture » de leur organisation comportementale, temporelle et psychologique aux moments de vigilance optimale. Ils libèrent alors toute la gamme de leurs émotions, de leurs compétences-socles et des conduites complexes qu'elles sous-tendent, en particulier les systèmes de communication qui englobent le langage, les interactions qui fondent la socialisation, les processus projectifs et cognitifs, et les activités symboliques.

En revanche, l'organisation comportementale, temporelle et psychologique de l'enfant est brouillée lorsque son rythme veille-sommeil est souvent ou régulièrement perturbé (ce qui est le plus souvent corrélé avec des interactions non accordées, des relations déstabilisantes et un attachement « non secure » au sein de la famille), et lorsque le temps n'est pas aménagé dans la journée pour prendre en compte son rythme ultradien de « faible vigilance-forte vigilance ». Ses manifestations émotionnelles, ses compétences-socles, ses systèmes de communication, sa socialisation, ses processus perceptifs et cognitifs sont également brouillés.

On examinera ces deux « cas de figure » à la lumière des données de la recherche fondamentale.

LES DONNÉES DE LA RECHERCHE

Les résultats rapportés ici sont principalement issus de recherches réalisées pendant cinq ans dans un local aménagé au sein de l'Unité 70 de l'INSERM à Montpellier pour permettre aux enfants de s'approprier toutes les dimensions de l'espace (surfaces, hauteurs, profondeurs), avec une sécurité physique toujours assurée et vérifiée par les parents, les éducateurs, les cliniciens ou les visiteurs. Aucun incident majeur ou accident ne s'est produit au cours des sessions d'étude (Montagner, 1993-2006 ; Montagner *et al.*, 1993, 1994, Wiaux, 1995). Plusieurs dizaines de groupes de cinq ou six enfants du même âge ont été filmées pendant des sessions de trente minutes dans les créneaux de forte vigilance (9 h 30-10 h 30 ou 15 h 30-16 h 30), soit toutes les semaines, soit toutes les deux semaines (on ne peut donner ici le chiffre exact des enfants car les résultats obtenus avec certains groupes n'ont pu être exploités). Chaque groupe a été suivi pendant une ou deux années du mois de septembre au mois de juillet. Les études ont été surtout effectuées avec les enfants de deux crèches âgés de sept mois à trois ans, et avec les enfants de deux ans et demi à quatre ans de deux petites sections d'école maternelle. Nous avons pu étudier aussi des enfants du même âge gardés dans le milieu familial, des enfants des autres sections de l'école maternelle et de l'école élémentaire et des enfants handicapés ou relevant de la psychiatrie (Montagner, 1993-2006[1]).

S'agissant des enfants des crèches, la sécurité affective était assurée par deux éducatrices ou puéricultrices, et pour ceux des petites sections d'école maternelle par deux enseignantes ou un duo « enseignante-aide maternelle ». Assises sur le sol à la périphérie du local aménagé, elles avaient pour consigne de laisser les enfants évoluer librement et de limiter leurs interventions aux situations qu'elles percevaient *a priori* comme insécurisantes ou dangereuses.

La maîtrise de la motricité et des équilibres corporels

Tous les enfants de crèche suivis dans le local expérimental maîtrisaient déjà entre treize et seize mois l'escalade et la descente des superstructures (mezzanines) en progressant debout et sans chute sur un escalier hélicoïdal de treize marches ou un plan incliné à 45 degrés. Leurs équilibres corporels étaient également bien maîtrisés sur le sol au cours de la marche et de la course.

Entre deux et trois ans, chaque enfant peut être caractérisé « banalement » par un « taux d'activité » (fréquence des déplacements, des escalades, des sauts...) et une évolution singulière de ses capacités motrices, interactives, cognitives... au fil de son développement. Cependant, différentes organisations motrices et temporelles et différents profils comportementaux se dégagent clairement au cours de la troisième année dès lors que les enfants peuvent s'approprier toutes les dimensions de l'espace. C'est aussi ce qu'on observe chez les enfants d'école maternelle âgés de deux à trois ans qui évoluent régulièrement dans le

1. Les milliers de vidéocassettes réalisées peuvent toujours être visionnées.

même local expérimental tout au long de l'année scolaire. Les différences entre la crèche et l'école maternelle ont été observées.

Les profils comportementaux entre deux et trois ans

L'organisation motrice et temporelle, au cours des évolutions dans l'espace, permet de distinguer plusieurs profils comportementaux entre deux et trois ans.

Les fonceurs

Les « fonceurs ne se posent pas de question ». Quel que soit le « mobilier » accessible, ils enchaînent les déplacements sur le sol et les escalades ou les traversées par la reptation, par la quadrupédie ou sur les jambes. En arrivant à la structure d'escalade ou de traversée, ils montrent peu d'hésitations et de temps d'arrêt ou parfois même aucun. Quand ils rencontrent un pair au cours de l'escalade ou de la traversée des différentes structures, ils reviennent rarement en arrière. Contraints de s'arrêter si le corps de l'autre enfant constitue un obstacle, ils poursuivent l'escalade ou la traversée lorsque la configuration du lieu de « circulation » autorise un croisement. À l'issue de l'escalade puis de la descente, ou de la traversée, ils enchaînent le plus souvent par une autre activité locomotrice, comme si leur projet était d'escalader pour escalader ou de traverser pour traverser. Ils consacrent significativement moins de temps que les autres enfants à l'exploration visuelle de l'environnement (Wiaux, 1995).

> Sans entrer ici dans les détails (voir Wiaux, 1995 et Montagner, à paraître chez Odile Jacob), c'est par tâtonnements, par essais et par erreurs, que les « fonceurs »

s'approprient la troisième dimension de l'espace. Ce sont des enfants de l'« action pour l'action » et non du « mouvement pour le mouvement ». Nous sommes là dans le cadre de l'intelligence sensori-motrice définie par Piaget (1923-1975) qui conduit l'enfant à une logique de l'action qui lui permet de structurer le réel.

Les « attentistes-observateurs »

Les « attentistes-observateurs » sont un peu plus tardifs et « lents » que les « fonceurs » dans la conquête de la hauteur et de la profondeur (pour les résultats obtenus avec les mêmes enfants de crèche au cours des deux premières années, voir Wiaux, 1995 et Montagner, à paraître chez Odile Jacob). En effet, c'est seulement après deux à quatre mois d'évolution dans les mêmes lieux que la plupart abordent l'escalade d'un escalier ou la traversée d'un « tunnel ». Allongés, à quatre pattes, assis ou debout sur le sol, ils sont d'abord spectateurs de l'aventure motrice des « fonceurs ». Leur attention visuelle est toujours soutenue, elle peut être de plusieurs minutes. Ils réussissent presque tous une escalade ou une traversée complète dès le premier essai sans perte d'appui ou d'équilibre et sans tâtonnements.

On peut donc faire l'hypothèse qu'en adoptant une attitude d'observation durable et en prenant leur temps ils accumulent des informations sur le comportement des pairs et que, à partir de leur analyse ou évaluation, ils imaginent pour eux-mêmes un projet de réussite pour escalader et descendre complètement la structure d'escalade ou pour traverser le « tunnel ». En d'autres termes, ils paraissent capables d'intérioriser les situations, c'est le processus dit « insight ».

Les « sélectifs »

L'organisation comportementale et temporelle d'autres enfants dépend surtout de la configuration du « mobilier » et du type d'aménagement de l'espace. Par exemple, certains se montrent « fonceurs » lorsqu'ils découvrent un escalier, une paroi percée d'orifices ou un « manchon » en plastique transparent, et « attentistes-observateurs » en présence d'un plan incliné, d'un toboggan ou d'un « tunnel » percé sous une mezzanine. Mais ils sont également plus variables d'un jour à l'autre (Montagner, à paraître chez Odile Jacob).

Les remodelages et les possibles évolutions

Chaque profil présente des fluctuations plus ou moins nettes, durables et fréquentes. Un jour ou l'autre, d'une semaine ou d'une quinzaine à l'autre, les « fonceurs » peuvent en effet se montrer plus ou moins « fonceurs », les « attentistes-observateurs » plus ou moins « attentistes-observateurs », et les « sélectifs » plus ou moins « sélectifs ». Mais, lorsqu'ils se retrouvent régulièrement pendant plusieurs mois dans le local expérimental au sein d'un petit groupe de quatre à six pairs familiers, et s'il n'y a pas d'événement perturbateur, la majorité des « fonceurs » développe un profil proche de celui des « attentistes-observateurs », non seulement dans le local aménagé, mais aussi dans la crèche habituelle où ils se retrouvent également en petit groupe du lundi au vendredi inclus. Cependant, certains conservent un profil de « fonceur ». La grande majorité des « sélectifs » finit par se confondre avec les « attentistes-observateurs ». Autrement dit, *l'évolution à intervalles réguliers dans un petit groupe de pairs familiers et l'appropriation de toutes les dimensions de l'espace, permettent à la plupart des « fonceurs » et aux « sélectifs » de façonner peu ou prou une organisation temporelle et comportementale qui se rapproche de celle des « attentistes-observateurs ». Ils développent ainsi de nouvelles façons d'être et de faire dans la conquête de l'espace,* même s'ils retrouvent à un moment ou un autre, un jour ou l'autre, un profil de « fonceur » ou de « sélectif ». Parallèlement, en retrouvant les « fonceurs » à intervalles réguliers tout au long de l'année, les « attentistes-observateurs » réduisent la durée de leurs « phases d'observation » et enchaînent plus souvent et avec moins de délai les épisodes de locomotion sur le sol et les escalades ou traversées, même s'ils gardent fondamentalement un profil « d'attentiste-observateur » et non « d'action pour l'action » dès lors qu'ils sont confrontés à un nouveau mobilier ou à une nouvelle conquête de l'espace.

> La facilitation ou la contagion sociale ainsi que l'imitation réciproque jouent un rôle dans ces modifications, mais également dans « l'émergence » (la lisibilité) et l'organisation des compétences-socles, et le développement des conduites complexes qu'elles sous-tendent.

LES COMPÉTENCES-SOCLES, LES COMPORTEMENTS SOCIAUX ET LES MODES DE « RÉSOLUTION DES PROBLÈMES »

Les « attentistes-observateurs » et les « sélectifs »

Les « attentistes-observateurs » et les « sélectifs » ont un registre comparable de compétences-socles, même si les patterns, c'est-à-dire les comportements élémentaires qui les constituent, peuvent être différents (pour les définitions et les fonctions des cinq compétences-socles majeures, voir Montagner, 1995-2005, et à paraître chez Odile Jacob) :

– *Leur attention visuelle est soutenue, quel que soit le contexte* à l'exception des moments ou des jours marqués par des perturbations personnelles (état de santé, altérations du rythme veille-sommeil...) ou familiales. Ils prennent le temps de poser leur regard sur les cibles qu'ils choisissent de regarder et sur celles qu'on leur présente ou indique. Ils se laissent accrocher et piloter le regard par leurs partenaires. Ils développent avec eux une attention conjointe dès que la situation s'y prête.

– *Ils montrent à tout moment des élans à l'interaction* avec les différentes personnes de leur vie quotidienne, qu'elles soient familières ou non.

– *Leurs comportements affiliatifs sont clairement lisibles et fonctionnels*, en particulier les offrandes et les sollicitations (les comportements affiliatifs sont ceux que les partenaires interprètent comme des adhésions à leurs actes, paroles, pensées...). Ils débouchent le plus souvent sur des échanges eux-mêmes affiliatifs. Les interactions sont alors ajustées et apparemment accordées. Les comportements de coopération des enfants, leurs conduites d'entraide, leurs participations à des jeux de rôle et à des activités symboliques sont particulièrement lisibles, diversifiés et élaborés au cours de la troisième année (Montagner, 1993-2005). Parallèlement, ils se caractérisent par une faible fréquence et une faible durée des comportements autocentrés, des évitements, des fuites, des pleurs sans raison apparente, des épisodes d'instabilité comportementale, parfois qualifiée improprement « d'hyperactivité » et des actes d'agression-destruction. Si on reprend les profils comportementaux que nous avions distingués au cours de nos recherches sur les interactions au sein des groupes de crèche (Montagner, 1978, Montagner *et al.* 1978-1988), les « attentistes-observateurs » et les « sélectifs » sont aussi des leaders ou, plus généralement, des enfants avec des mécanismes de leader, c'est-à-dire des façons d'être et de faire qui ont une forte probabilité d'attirer et d'entraîner les autres, même s'ils peuvent présenter un jour ou l'autre des fluctuations plus ou moins marquées dans leur « leadership ». Autrement dit, les « attentistes-observateurs » et les « sélectifs » développent un ensemble de conduites affiliatives qui organisent les interactions au sein des groupes, et donc les processus de socialisation.

• LEURS IMITATIONS SONT LES PLUS LISIBLES, FRÉQUENTES ET FONCTIONNELLES

Elles ont une forte probabilité d'induire chez le partenaire un comportement ou une vocalisation similaire, ou les mêmes paroles, puis d'entraîner une interaction affiliative. C'est entre les « attentistes-observateurs » et les « sélectifs » qu'on observe la plus forte fréquence d'imitations réciproques.

• LEURS GESTES BIEN ORGANISÉS STRUCTURENT DES HABILETÉS MAÎTRISÉES ET DIVERSIFIÉES DANS LA MANIPULATION ET LA TRANSFORMATION DES OBJETS

L'organisation temporelle et les compétences-socles des « attentistes-observateurs » et des « sélectifs » leur permettent d'entrer et de rester dans les interactions créées à la crèche par les professionnels, notamment lorsque ceux-ci ont pour objectif de façonner le langage et les apprentissages :

– Ils s'installent ou acceptent d'être installés dans les situations créées par une éducatrice à la crèche. Leur attention visuelle apparaît captée et guidée par son regard, son visage, ses mains, ses mouvements corporels et son discours. Ils sont des observateurs à l'écoute.

– Ils ne se laissent pas souvent distraire par le comportement des pairs et par les bruits de l'environnement. Généralement, ils s'organisent ou se réorganisent par rapport aux informations reçues de l'adulte. Ils prennent le temps d'essayer de décoder la signification et le sens de son comportement et de ses paroles, d'élaborer une opération mentale pour y répondre, et de se préparer à l'activité ou à la

tâche qui leur est présentée. Ils libèrent leurs émotions sans retenue : ils rient aux éclats, « partagent » la joie, la peur, la tristesse, la colère, la surprise ou le dégoût des personnages dont on leur raconte l'histoire...
– Ils sont aussi ceux qui consacrent le plus de temps à la réalisation de l'activité ou de la tâche proposée, demandée ou suggérée.

> En résumé, les « attentistes-observateurs » et les « sélectifs » développent des conduites d'observation et d'écoute durables à partir desquelles ils peuvent organiser la connaissance et la conquête de l'environnement. Cela, en structurant l'ensemble de leurs compétences-socles et en prenant le temps de recevoir et de décoder les messages qui leur sont transmis, avant de s'engager dans la préparation et la réalisation de l'activité ou de la tâche qu'ils ont perçue dans le message. Ils paraissent ancrés dans un ensemble d'opérations mentales qui fondent « ordinairement » les apprentissages.

Tous les enfants clairement identifiés comme « attentistes-observateurs » ou « sélectifs » réguliers avaient pour dénominateur commun d'avoir établi et renforcé un attachement « secure », en tout cas « non insecure », avec la ou les personnes de soins initiales, c'est-à-dire le plus souvent la mère, parfois le père même si c'est moins net et plus variable chez les sélectifs (Montagner, à paraître chez Odile Jacob). En effet, à la crèche, au moment de la séparation avec le ou les parents, puis après leur éloignement et leur disparition du champ visuel, ces enfants ne manifestent pas de comportements que l'on puisse interpréter comme le reflet ou la traduction d'un état d'insécurité affective, c'est-à-dire, l'agrippement du parent qui s'en va, le refus d'être accueilli par un professionnel, les gémissements ou les pleurs « inextinguibles », les mouvements convulsifs sur le sol, les spasmes du sanglot, les « coups » portés à la personne d'accueil, les stéréotypies ou les conduites autocentrées qui se prolongent.

Les « fonceurs »

Au cours des premiers mois d'observation, les compétences-socles des « fonceurs » n'apparaissent pas aussi bien structurées, aussi diversifiées, fonctionnelles et complexes que celles des « attentistes-observateurs » et des « sélectifs ».

– Leur attention visuelle et leur attention auditive ne sont pas aussi soutenues, fréquentes et durables. Ils évitent plus souvent le regard du partenaire. Ils prennent moins de temps pour observer l'environnement et l'activité des autres. Ils se mettent moins souvent en situation d'attention conjointe.

– Leurs élans à l'interaction sont moins fréquents et durables. Ils sont souvent ambivalents (ils s'approchent, s'écartent, reviennent, s'éloignent…).

– Leurs comportements affiliatifs sont moins lisibles et fonctionnels, moins variés et complexes. Leurs conduites de coopération et d'entraide ainsi que leurs participations aux jeux de rôle et aux activités symboliques sont peu fréquentes et durables, souvent ambivalentes, parfois inexistantes.

– Ils imitent moins souvent et sont moins imités.

– Leurs gestes sont moins bien structurés. Leurs habiletés motrices ne sont ni aussi bien maîtrisées, ni aussi diversifiées et complexes.

Il arrive que les « fonceurs » acceptent les situations créées à la crèche par les professionnels, mais c'est peu fréquent et durable. Le plus souvent, ils les refusent ou les quittent pour s'engager dans la conquête d'un espace, la manipulation d'un objet ou une autre activité. Les « fonceurs » ne peuvent donc développer une observation et une écoute aussi soutenues et durables d'un adulte que les « attentistes-observateurs » et les « sélectifs ». Le plus souvent, ils ne répondent pas à sa demande, mais enchaînent des comportements qui n'ont rien à voir avec l'activité ou la tâche proposée. Contrairement aux « attentistes-observateurs » et aux « sélectifs », les « fonceurs » ne paraissent pas développer clairement les opérations mentales qui permettent d'intérioriser l'environnement (analyse de la situation, évaluation des conséquences du comportement, élaboration d'une réponse appropriée à la situation...). Enfin, si on les compare à celles des « attentistes-observateurs » et des « sélectifs », les réalisations des « fonceurs » (peintures, moulages, graphismes, constructions...) sont plus souvent ébauchées, rudimentaires et sans structure lisible, et donc difficilement interprétables. Autrement dit, ils n'extériorisent pas clairement leurs états émotionnels, leurs affects et leurs processus cognitifs.

Cependant, en retrouvant régulièrement au sein de petits groupes les « attentistes-observateurs » et les « sélectifs » pendant huit à dix mois, la plupart des « fonceurs » se montrent capables d'organiser leurs compétences-socles et leurs conduites, en même temps que leur organisation comportementale et temporelle se rapproche de celle des premiers au cours des situations d'escalade et de traversée. On peut estimer de 20 à 30 % environ les « fonceurs » qui conservent un profil de « fonceur régulier » après huit à dix mois d'évolution avec des « attentistes-observateurs » et des « sélectifs ».

Contrairement aux « attentistes-observateurs » et aux « sélectifs », la qualité de l'attachement des « fonceurs » avec leur mère et leur père est difficile à évaluer. Ils sont en effet fluctuants dans les comportements qui reflètent habituellement la sécurité affective au moment de la séparation à la crèche avec le ou les parents et au moment des retrouvailles.

L'INFLUENCE DES CONDITIONS DE VIE QUOTIDIENNE

Les conditions de vie quotidienne permettent aux enfants de deux à trois ans de dévoiler ou non leurs particularités, compétences et constructions, et aussi de les remodeler et d'évoluer au fil du temps.

Ce qui permet à l'enfant de dévoiler ses particularités

Des comparaisons ont été effectuées entre les enfants régulièrement reçus dans le local expérimental de l'unité de recherche de l'INSERM et d'autres du même âge qui étaient accueillis dans des crèches dont les espaces de vie étaient aussi aménagés pour leur permettre de s'approprier la troisième dimension de l'espace, seuls ou en petit groupe (mezzanines, plates-formes, « paroi d'escalade »...), ce qui n'était pas le cas dans d'autres crèches de notre échantillon. La comparaison a porté sur plusieurs dizaines de crèches de l'est et du sud de la France (le chiffre exact ne peut être donné car les résultats obtenus avec toutes les crèches n'ont pu être complètement exploités).

D'autres comparaisons ont été effectuées avec plus de cinquante petites sections d'école maternelle. Aucune n'avait d'espaces et de mobiliers comparables à ceux des crèches aménagées.

Outre les stratégies d'accueil et les modes de fonctionnement appropriés pour respecter le rythme veille-sommeil et le rythme ultradien de la vigilance sur lesquels on ne reviendra pas, d'autres conditions doivent être réunies pour que les enfants de deux à trois ans (mais également les plus jeunes et les plus âgés) puissent dévoiler les mêmes particularités, compétences et constructions que les enfants du même âge reçus dans le local expérimental de l'unité de recherche. Et aussi, pour qu'ils montrent clairement les mêmes remodelages et les mêmes possibilités d'évolution. Dans cette partie, on se limitera aux crèches puisque la plupart des petites sections d'école maternelle n'ont pas vraiment la possibilité de respecter la « carte d'identité veille-sommeil » et le rythme de vigilance des enfants, et n'ont pas en outre les aménagements qui permettent à chacun de s'approprier l'espace dans toutes ses dimensions.

On résumera ainsi les conditions qui favorisent à la crèche l'« émergence », la lisibilité, l'organisation et la fonctionnalité des particularités, compétences et constructions précédemment rapportées, surtout quand elles peuvent être toutes réunies :

– Chaque enfant a la possibilité d'évoluer en activité libre au sein de petits groupes de pairs dans des lieux de vie dont les aménagements et les mobiliers « sécurisés » permettent l'appropriation personnalisée de toutes les dimensions de l'espace, c'est-à-dire une mezzanine, des plates-formes, des parois d'escalade et de traversée, des « tunnels »... La sécurité affective est assurée par les professionnels de la crèche qui accompagnent, soutiennent et encouragent les « aventuriers de l'espace » par le regard, le geste et la parole. Les « émergences », compétences, constructions, remodelages et possibilités évolutives précédemment rapportés sont alors clairement observés dans les groupes composés de trois à six enfants, selon les particularités de chacun, son ancienneté à la crèche, les moments de la journée, les jours et les activités.

– Chaque enfant a la possibilité de vivre « à son rythme » des moments de retrait ou d'isolement dans des nids, « niches » ou alvéoles, des moments d'interactions sociales avec les pairs dans les différentes dimensions de l'espace et des moments d'interactions accordées, d'apaisement et de sécurité affective avec l'un ou l'autre des professionnels.

– Chaque enfant a la possibilité de dérouler « à son rythme » ses rythmes d'action, c'est-à-dire ses actions successives (passer de la déambulation à l'installation en position assise derrière une table et manipuler des objets, enchaîner les emboîtements de cubes et la « lecture » d'un livre d'images, ou inversement, etc.), et ses rythmes d'exécution, c'est-à-dire sa façon d'être et de faire dans les différentes actions (Montagner, à paraître chez Odile Jacob), sans être canalisé ou orienté à tout moment par l'un ou l'autre des professionnels. Cela implique que les objets « ludiques », éducatifs, etc., soient accessibles à tout moment et qu'il n'y ait pas d'obstacle qui empêche la conquête des différents espaces. Avant ou après les temps d'activités libres, et aux moments de forte vigilance, les professionnels organisent en petit groupe des activités ludiques, des bains de langage, des manipulations et transformations d'objets, des situations de psychomotricité…

– Les groupes sont recomposés en fonction des activités ou selon les moments de la journée ou les jours de la semaine. Ils sont ouverts à un moment ou à un autre aux plus jeunes et aussi, chaque fois que cela est possible, à d'autres enfants plus âgés, mais toujours au sein d'un petit groupe. Par exemple, dans le cadre de visites croisées entre les crèches qui fonctionnent en réseau ou lorsqu'une convention permet à des assistantes maternelles de conduire dans une crèche les enfants qu'elles gardent (avec évidemment l'accord des parents). Les rencontres avec d'autres enfants permettent à chacun de développer dans un « bruit de fond » contrôlé (le nombre d'enfants est limité, le bruit est réduit…) de nouvelles interactions avec de nouveaux partenaires, et d'acquérir ainsi des compétences nouvelles, de façonner de nouvelles conduites et de s'engager dans de nouvelles constructions. En d'autres termes, le mode de fonctionnement de la crèche et les conduites du personnel sont fondés sur le renouvellement contrôlé des interactions sociales au sein de petits groupes et sur la flexibilité.

– Les lieux extérieurs sont aussi aménagés pour autoriser la conquête de la troisième dimension de l'espace avec les pairs et les professionnels, mais toujours en petits groupes.

– Les parents sont informés des nouvelles « émergences », des nouvelles compétences-socles et des nouvelles conduites que la conquête de l'espace a révélées ou structurées chez leur enfant. En outre, les professionnels leur donnent la possibilité d'être observateurs et acteurs des évolutions de l'enfant dans toutes les dimensions de l'espace, et ainsi de découvrir par eux-mêmes toute la gamme des possibilités et capacités que révèle la conquête de la hauteur et de la profondeur. Ce qui libère la parole et la communication entre tous.

Même si elles ne sont pas toutes réunies, de telles conditions augmentent la probabilité que les « fonceurs » et les « sélectifs » reproduisent au moins partiellement les conduites des « attentistes-observateurs » et se comportent en leaders, au moins à certains moments et dans certaines situations. Cela est évident lorsque toutes les conditions sont réunies. On observe aussi des évolutions significatives chez les enfants du « mouvement pour le mouvement » et chez les autocentrés, même si elles sont moins lisibles et durables. Parallèlement, les « attentistes-observateurs » peuvent modifier leur organisation temporelle et comportementale, et se comporter peu ou prou comme des « fonceurs » dans la conquête de l'espace, tout en conservant leur profil d'« attentiste-observateur » dans des situations nouvelles et dans un environnement nouveau. Ils gardent en particulier leurs compétences-socles, leurs comportements sociaux et leurs capacités d'intérioriser les informations, même s'ils sont timorés ou timides.

La création de conditions appropriées pour faciliter les « émergences », les compétences, les constructions, les remodelages et les évolutions individuelles dans les structures d'accueil des enfants de deux à trois ans est d'autant plus importante que la troisième année se caractérise par des développements et acquisitions complexes. On soulignera que :

– La fonction sémiotique du langage « explose ».

– Les systèmes projectifs se dévoilent clairement dans le discours, le graphisme, la peinture, la poterie... L'enfant dit ou « traduit » ses états intérieurs, perçoit chez autrui des affects et des idées qu'il a lui-même.

– Les conduites sociales et symboliques enracinent l'enfant dans la socialisation. En petit nombre et lorsque les aménagements d'espace sont diversifiés et appropriés, des groupes se forment autour d'un ou de plusieurs leaders en même temps que les jeux de rôle redistribuent le leadership.

– Les processus cognitifs revêtent des formes complexes, notamment dans « la résolution des problèmes » (puzzles, jeux de construction...).

Ce qui ne permet pas à l'enfant de dévoiler ses particularités

• LES CRÈCHES

Plus ou moins de crèches réunissent plus ou moins complètement les conditions qui favorisent ou activent les « émergences », les compétences, les constructions, les remodelages et les évolutions précédemment rapportés.

Mais il faudrait encore améliorer leur conception, leur mode de fonctionnement et leurs aménagements, en particulier sur les points suivants.

La rigidité du ratio professionnels-enfants. Le ratio de un professionnel pour quatre enfants est « ordinairement » suffisant pour que les différentes personnes des équipes de crèche puissent répondre aux besoins de chaque classe d'âge (alimentation appropriée, soins hygiéniques et médicaux, sollicitations sensorielles, psychomotricité, structuration des habiletés motrices, bains de langage...), et pour qu'elles puissent être réceptives et disponibles aux différents moments de la journée pour répondre aux particularités « ordinaires » des individus (comportements, rythmes...). Mais le ratio devrait être amélioré pour un meilleur accueil des enfants et des familles qui nécessitent une attention particulière, c'est-à-dire les enfants qui ont des troubles du développement, de l'attachement ou du comportement, ceux qui sont handicapés, orphelins, délaissés, « mal aimés », retirés à la garde des parents... ceux dont la famille est éclatée, isolée, transplantée, issue de l'immigration et pas encore adaptée à son nouvel environnement, dans la détresse... Un ratio de un professionnel pour trois enfants paraît alors plus approprié et raisonnable.

L'inexistence ou l'exiguïté de la « sphère d'accueil » ou « lieu intermédiaire ». On ne peut organiser un accueil vraiment personnalisé et sécurisant des enfants et de leur(s) accompagnateur(s) dans un espace restreint, fermé ou bruyant. On soulignera de nouveau que peu de crèches disposent d'une vraie « sphère d'accueil » (ou « lieu intermédiaire »), même si les personnels s'efforcent d'organiser un accueil individualisé.

L'absence de flexibilité dans la conception du lieu de « sommeil-détente ». On a examiné pourquoi et comment les structures d'accueil des jeunes enfants peuvent être conçues pour respecter la « carte d'identité veille-sommeil » de chacun. On soulignera ici les insuffisances du dortoir traditionnel. Il est fréquent en effet qu'il ne soit pas suffisamment grand et bien adapté aux différences individuelles. Le lieu de sommeil devrait être conçu pour que l'endormissement puisse se faire, selon les enfants, dans l'obscurité ou la semi-obscurité, à la lumière du jour ou à la lumière artificielle, aux côtés des pairs ou à l'écart, sur un simple matelas, dans une « niche » ou une structure alvéolaire (un « cocon »)... et pas forcément dans un « lit fermé » qui peut être insécurisant pour certains. Il n'est pas fréquent que le lieu de sommeil soit également conçu non seulement pour ceux qui s'endorment rapidement, mais aussi pour ceux qui mettent beaucoup de temps à s'endormir, pour les « courts dormeurs », les « très longs dormeurs », les « faiseurs de cauchemars », les convalescents, les nouveaux... Il doit être ouvert pour permettre aux non-dormeurs, aux « courts dormeurs » et plus généralement à ceux qui sont réveillés avant les autres, de se rendre par eux-mêmes dans les autres lieux de vie, à moins qu'on ne les y accompagne. Autrement dit, la « sphère de sommeil » doit être considérée comme un lieu de détente corporelle et mentale qui prenne en compte les différences individuelles, et non comme un lieu d'enfermement avec une obligation de sommeil pour tous. Il faut enfin regretter que certaines crèches ne disposent pas d'un lieu « spécifique » de sommeil, mais seulement d'une pièce « polyvalente ». Les professionnels doivent alors ranger les matériels des temps d'éveil pour installer des « matelas ». Il est fréquent que les conditions qui favorisent l'endormissement et le sommeil non interrompu ne soient pas remplies à cause des allées et venues, de la préparation plus ou moins bruyante du « local polyvalent » pour les activités de l'après-midi, de l'arrivée de personnes extérieures, etc.

L'absence d'espace « spécifique » pour prendre en compte le rythme ultradien de « faible vigilance-forte vigilance ». Le rythme de « faible vigilance-forte vigilance » n'est pas vraiment bien pris en compte. Les temps faibles devraient être des « temps-sujets » laissés à l'initiative de chacun, y compris les moments de « rêverie » et de conduite autocentrée. Parallèlement, les sollicitations sensorielles, motrices et cognitives devraient mieux coïncider avec les temps forts de la vigilance. C'est en effet au cours de ces moments que les enfants peuvent mobiliser une attention globale ou sélective, être réellement réceptifs et disponibles, et traiter les différentes facettes de l'information. Ces processus sont nécessaires pour que les différents enfants puissent sortir « à leur rythme » (quand ils sont prêts) de leurs blocages, inhibitions ou peurs, pour qu'ils puissent structurer leurs compétences-socles, pour qu'ils puissent acquérir les mécanismes et capacités qui fondent les apprentissages. Surtout, ceux qui cumulent les difficultés personnelles, familiales et sociales. Il faut cependant éviter que les temps forts soient des créneaux de « surstimulation ».

Une conception trop conventionnelle des espaces et des mobiliers pour autoriser une « flexibilité fonctionnelle ». L'aménagement des lieux de vie et les mobiliers ne sont pas suffisamment bien conçus pour optimiser la flexibilité du temps, des activités et des conduites. Il faudrait en effet que les espaces et les mobiliers permettent aux professionnels de varier à tout moment les activités individuelles ou partagées, au niveau du sol et dans l'espace, au sein du même groupe et d'un groupe recomposé, y compris avec les plus jeunes et les « nouveaux », selon les enfants, les moments et les jours. Il faudrait aussi que les espaces et les mobiliers leur permettent d'assurer à tout moment et sans obstacle les soins corporels et hygiéniques, les compléments alimentaires et surtout hydriques. On n'est pas toujours conscient que les activités corporelles sont dévoreuses d'énergie et d'« eau cellulaire », surtout entre deux et trois ans, âge clé des « explosions motrices », des compétences de tout ordre, des conduites complexes et des compétitions.

Un intéressement et une valorisation insuffisants des parents. Les « émergences », remodelages et évolutions constatés au fil des jours dans des espaces aménagés, donnent aux professionnels du « grain à moudre » pour rapporter et montrer aux parents les possibilités et compétences ignorées ou inattendues de leur enfant, et ainsi réduire leur inquiétude, anxiété, angoisse ou culpabilité. Les familles découvrent ainsi un « enfant caché » qui les étonne et les valorise. C'est un nouveau regard, de nouvelles représentations, de nouvelles pratiques, de nouveaux liens et de nouveaux projets qui peuvent se développer. Mais il n'est pas fréquent que cela soit vraiment le cas dans les crèches, faute de mobiliers et d'aménagements appropriés de l'espace.

- LES PETITES SECTIONS D'ÉCOLE MATERNELLE

Sauf exception, la conception, le mode de fonctionnement et les aménagements actuels des petites sections de l'école maternelle ne remplissent pas les conditions précédemment énumérées pour révéler, activer et développer entre deux et trois ans toute la gamme des compétences et constructions que montrent les enfants dès lors qu'ils évoluent au sein de petits groupes, non seulement dans une situation expérimentale que l'on contrôle, mais aussi au cours de la vie quotidienne dans une crèche dont les espaces sont aménagés.

Le nombre de professionnels disponibles et compétents par classe. Il n'y a qu'une enseignante et une aide maternelle pour l'accueil et l'encadrement d'un effectif qui varie le plus souvent entre vingt et plus de trente enfants, selon les classes et selon les jours. Cela, dans le cadre de la plus longue journée scolaire du monde, six heures de temps contraint. Aucune équipe de deux personnes ne peut faire face aux différents besoins et aux différentes particularités des enfants lorsque l'effectif est aussi élevé, fussent-elles les plus disponibles, les plus généreuses, les plus compétentes et les plus complices, et quelles que soient la qualité et la quantité des « outils » dont elles disposent (« coins » thématiques, meubles fonctionnels, objets éducatifs ou pédagogiques...). Même si elles sont parfois aidées par des parents bénévoles ou des aides éducateurs, et même si une telle collaboration améliore la qualité de l'accueil et le fonctionnement de la classe, ce nombre est insuffisant d'autant plus que beaucoup d'emplois d'aides éducateurs ont été supprimés dans de nombreuses écoles.

L'accueil et le début de la matinée. Faute d'espaces « spécifiques » suffisamment grands et aménagés de façon appropriée, l'accueil de l'enfant et de ses accompagnateurs ne peut se faire de façon personnalisée et dans des conditions qui favorisent la sécurité affective. On soulignera de nouveau que l'accueil se fait le plus souvent dans la classe ou à l'entrée, dans un couloir partagé avec les autres classes, ou même à l'entrée de l'école. C'est-à-dire que non seulement il y a très rarement un « lieu intermédiaire » qui permette d'accueillir et d'écouter les enfants et leur accompagnateur, mais aussi que le retour à l'école se fait souvent ou tous les jours dans le bruit, les allées et venues, les bousculades, les cris, les pleurs, parfois les agressions, c'est-à-dire dans le stress et la détresse pour beaucoup d'enfants, en particulier dans les secteurs urbains que l'on dit « socialement défavorisés ».

En outre, il est humainement impossible qu'un instituteur-professeur des écoles et une aide maternelle puissent consacrer un temps personnalisé aux différents enfants qui entrent en classe et puissent s'organiser pour que tous aient le temps de « se réveiller à leur rythme », d'activer leur vigilance, de prendre leurs repères, de mobiliser leur attention, de sortir de leur insécurité affective, de leurs blocages, inhibitions ou peurs. Comment apaiser et rassurer au même moment des enfants qui n'acceptent pas la séparation avec leur(s) parent(s) et dont les pleurs ne s'atténuent pas ou redoublent ? Comment canaliser le trop-plein de mouvements des plus agités, ceux des enfants du « mouvement pour le mouvement » et l'agressivité des plus agresseurs ? Comment introduire les autocentrés, les craintifs, les timides et les introvertis dans les interactions sociales ? Comment « apprivoiser » les évitants et les mutiques ? Il faut non seulement que, dès l'entrée en classe, l'enseignante et l'aide maternelle gèrent les différents profils de comportement (les « fonceurs », les « attentistes-observateurs », les « sélectifs », les enfants du « mouvement pour le mouvement »...), mais aussi les phénomènes de groupe qui se développent au cours de la troisième année, en particulier dans l'appropriation des objets et des espaces. La fréquence des compétitions et des conflits est alors plus élevée que dans les petits groupes. Le leadership alternatif et les jeux de rôle sont peu observés ou pas du tout, surtout quand l'effectif est de vingt-cinq à trente-cinq enfants et quand les enfants sont fatigués ou perturbés.

L'aménagement des espaces et la conception des mobiliers. Faute de moyens, et à cause de la mentalité sécuritaire de la plupart des responsables éducatifs et politiques, les espaces et les mobiliers de l'école maternelle ne sont pas ou ne sont plus conçus pour que, « à leur rythme », les différents enfants puissent conquérir l'espace dans toutes ses dimensions et structurer ainsi l'ensemble de leurs compétences avec les pairs. Ils ne peuvent pas alterner « à leur rythme » un retrait du groupe, une activité individuelle ou partagée au niveau du sol, une conquête spatiale... au sein du même groupe ou d'un groupe recomposé. Toute flexibilité de l'éducateur-pédagogue est difficile ou impossible pour organiser les différents temps et activités au bénéfice de chacun des vingt à trente enfants.

La question du mercredi. Le mercredi n'étant pas un jour scolaire dans la grande majorité des cas, nombre de parents, notamment ceux qui travaillent, ne savent pas à qui et à quoi confier ce jour-là leur enfant de deux à trois ans accueilli les autres jours à l'école maternelle, faute de relais humains (les grands-parents, les amis...) et faute de « structures de substitution » (assistantes maternelles, haltes-garderies, centres aérés « spécifiques » pour les jeunes enfants...), ce qui n'est pas le cas pour les crèches et les structures apparentées puisqu'elles sont ouvertes du lundi au vendredi inclus. Le même problème se pose pour les vacances scolaires, plus fréquentes et plus longues à l'école maternelle que dans les crèches.

Conclusions

Il est regrettable que la société française n'ait pas mieux profité du double avantage que lui a conféré au XIXe siècle la réalisation de la première crèche au Creusot (par l'entreprise Schneider), et l'« invention » de l'école maternelle par Pauline Kergomard. Depuis, les crèches se sont multipliées et diversifiées (crèches familiales, crèches municipales, crèches de la CAF, crèches d'entreprise…) et l'école maternelle est une composante « ordinaire » de l'école primaire. Mais, la société française n'a pas su organiser de lien entre les deux types de structure, laissant ainsi les enfants de deux à trois ans dans le flou, les dérives idéologiques et les enjeux politiques. Elle n'a pas su ou voulu prendre en compte les données de la recherche fondamentale et les observations cliniques sur le développement, les phénomènes d'attachement, les conduites, les processus de socialisation et les constructions cognitives, ainsi que sur leurs troubles et avatars (pour les déficiences intellectuelles des élèves de tous âges, nous renvoyons à Misès *et al.*, 1985-1994). Pourtant, la troisième année est une « charnière clé ».

Si les crèches doivent encore s'améliorer, elles sont objectivement mieux conçues et organisées que les petites sections d'école maternelle pour répondre aux exigences du développement individuel, et pour être le cadre complémentaire du milieu familial dans l'équilibre émotionnel et affectif des enfants de deux à trois ans. Mais aussi dans la protection et la consolidation des rythmes clés qui jouent un rôle dans l'adaptation à l'environnement, dans les « émergences » fondamentales, la structuration des compétences de base ou compétences-socles et des systèmes de communication, la socialisation, la construction du lien social et la libération des processus cognitifs.

L'accueil des enfants et de leur(s) accompagnateur(s)

En recevant de façon personnalisée l'enfant et ses parents dans un lieu d'accueil « spécifique » mais ouvert, les crèches assurent peu ou prou une certaine continuité dans la sécurité affective des personnes qui ont noué entre elles un attachement peu ou prou du type « secure ». Il s'agit aussi des conditions « basiques » qui peuvent permettre à un enfant « non secure » ou « insecure » de dépasser son insécurité affective, ou de la relativiser, en particulier lorsqu'il est accueilli par une professionnelle dite référente. En termes concrets, dans un lieu d'accueil « spécifique » et ouvert, la fréquence, la durée et l'« amplitude » des comportements d'insécurité, pleurs, cris, agrippements du parent, roulades sur le sol et spasmes du sanglot diminuent (Montagner, à paraître chez Odile Jacob). Apaisé, l'enfant accepte la séparation avec le ou les parents et l'entrée dans les lieux de vie pour la journée. Cependant, des améliorations sont souhaitables. En effet, les comportements d'insécurité s'éteignent plus rapidement, ou ne sont plus observés, si l'enfant et son parent sont reçus dans une « sphère d'accueil » dont les espaces sont conçus pour que chaque enfant ait le temps de « se réveiller » (redevenir vigilant), de prendre de nouveau ses repères, de s'éloigner de la personne familière, d'accepter le relais affectif avec un autre partenaire, de retrouver les pairs « à son rythme » et de s'installer peu ou prou dans la sécurité affective. Ayant vécu un « temps-sujet » dans un « lieu intermédiaire », la très grande majorité des enfants acceptent ensuite sans résistance ou inquiétude objectivable d'être conduits dans les lieux de vie pour la journée, ou s'y rendent d'eux-mêmes. L'observation montre qu'ils libèrent alors leurs émotions, leurs compétences-socles, leurs conduites de socialisation et leurs ressources cognitives.

Dans les écoles maternelles, il est rare qu'il y ait une « sphère d'accueil » réservée aux enfants des petites sections. Les conditions « basiques » de l'accueil ne peuvent être sécurisantes ni pour l'enfant, ni pour son accompagnateur, ni pour les professionnels eux-mêmes. En effet, seulement aidée par une aide maternelle, parfois aussi par un aide éducateur (de moins en moins souvent à cause des suppressions d'emplois), l'enseignant(e) doit recevoir de vingt à trente enfants, parfois en plus grand nombre, entre 8 h 30 et 9 heures (horaire le plus fréquent) et autant d'accompagnateurs, souvent davantage. En outre, on le soulignera de nouveau, l'accueil se fait le plus souvent à l'entrée de la classe ou de l'école, dans la classe elle-même ou dans un couloir, c'est-à-dire dans un environnement confus, bruyant, mouvant, bousculant… où la prise de repères est difficile ou impossible. En conséquence, l'enseignant(e) et l'aide maternelle ne peuvent accueillir chaque enfant et chaque parent de façon personnalisée et sécurisante, même si elles sont attentives, chaleureuses et rassurantes. « Avec la meilleure volonté du monde », elles ne peuvent assurer la continuité ou la restauration de la sécurité affective précédemment évoquées. Parallèlement, les enfants ne peuvent vivre le temps personnel de « respiration » que nous avons appelé « temps-sujet » dans un lieu ouvert et partagé (le lieu d'accueil). L'enseignant(e) doit ensuite gérer le moment de faible vigilance de la « première heure » en essayant de tenir compte des particularités des différents enfants (rapidement vigilants, ayant besoin de temps pour devenir vigiles, « fonceurs »,

« attentistes-observateurs », enfants du « mouvement pour le mouvement », autocentrés), toujours avec la seule collaboration de l'aide maternelle. Cela, le plus souvent, dans une salle polyvalente trop petite pour vingt à trente enfants, non aménagée ou aménageable pour répondre aux différents besoins et aux différentes constructions qui fondent le développement et les équilibres individuels. Beaucoup d'enfants se trouvent alors engagés dans des activités qu'ils n'ont pas choisies ou dans lesquelles ils ne parviennent pas à s'imposer. On ne peut les orienter ou les canaliser tout le temps, veiller à ce qu'ils puissent s'approprier tel ou tel objet ou tel ou tel lieu à un âge où les compétitions et les conflits se développent, surtout quand l'espace est exigu et inadapté.

Le respect de la « carte d'identité veille-sommeil »

Les crèches peuvent habituellement s'organiser pour respecter la principale composante diurne de la « carte d'identité veille-sommeil » de chaque enfant, c'est-à-dire les particularités de la sieste de la mi-journée. À ce moment les indicateurs de sommeil sont envahissants, c'est-à-dire en coïncidence avec le rythme ultradien veille-sommeil. Elles contribuent ainsi à la réduction des fatigues, des désordres comportementaux et psychiques qui résultent de la combinaison des troubles éventuels du sommeil, des perturbations associées dans les relations avec les parents et des activités cumulées de la matinée. Elles permettent de compenser au moins partiellement les déficits en sommeil nocturne par une sieste de plus longue durée, notamment lorsque les enfants se réveillent encore la nuit. Une sieste tout à fait respectée permet à chaque enfant d'être plus vigilant et attentif au cours des activités de l'après-midi. Elle contribue à des retrouvailles apaisées avec les parents, surtout quand ils cumulent des difficultés personnelles, familiales et sociales. On ne saurait oublier les régulations physiologiques et les phénomènes psychiques qui jalonnent tout épisode complet de sommeil (ou cycle). On soulignera de nouveau la sécrétion augmentée de l'hormone de croissance pendant le sommeil lent et ses effets anabolisants. Par les transgressions des tabous, des règles sociales et des « valeurs culturelles » au cours des rêves, le sommeil paradoxal apparaît quant à lui comme une véritable soupape mentale pour la « réinsertion » quotidienne de l'enfant dans ses relations familiales et sociales. Enfin, il joue aussi un rôle dans les processus de mémorisation et dans la consolidation des apprentissages, évidemment nécessaires pour bien comprendre et apprendre.

Cependant, les crèches doivent encore s'améliorer pour mieux tenir compte de l'organisation temporelle des différents enfants, c'est-à-dire non seulement les particularités de leur sieste de la mi-journée, mais aussi de celle qui subsiste encore autour de 9 heures chez certains (il peut y avoir une troisième sieste autour de 16 heures), ainsi que le rythme de « faible vigilance-forte vigilance » qui « remplace » le rythme ultradien veille-sommeil.

Nous avons vu que, pour plusieurs raisons, la « carte d'identité veille-sommeil » des différents enfants peut difficilement être reconnue et prise en compte dans les petites sections d'école maternelle. On soulignera en particulier que l'organisation de la journée scolaire, calquée sur celle des enfants de l'école élémentaire (deux demi-journées séparées par un temps de restauration à midi), ne permet pas à l'école et à la famille elle-même de respecter vraiment la sieste de la mi-journée, en tout cas pour la majorité des enfants, et donc leur organisation temporelle. On ajoutera que, dans de nombreuses petites sections, il n'y a pas de lieu « spécifique » de sommeil, ou alors il n'est pas aménagé de façon appropriée et ne permet pas de prendre en compte les différences interindividuelles. On en profitera pour regretter qu'on ne prévoit plus de temps de sieste dans un nombre croissant de moyennes sections d'école maternelle alors que beaucoup d'enfants de quatre à cinq ans ont encore un rythme ultradien veille-sommeil. En effet, ils s'endorment « spontanément » à la mi-journée s'ils en ont la possibilité. C'est ce qu'on observe pendant les jours fériés et les vacances. Il est relativement fréquent que la sieste de la mi-journée soit remplacée par des moments collectifs de « repos » de dix ou quinze minutes, ce qui n'a pas de sens.

On doit s'interroger sur les conséquences qui peuvent résulter d'un rythme veille-sommeil empêché ou déstabilisé, non pas seulement dans les capacités de récupération physique, physiologique et mentale de l'enfant, mais aussi dans certaines dimensions de son développement. Il est illusoire de penser qu'un après-midi scolaire « débarrassé » de la sieste libère du temps utile pour activer ou structurer les processus cognitifs et favoriser ainsi les apprentissages précoces. Il faut d'abord que les « enfants-élèves » aient un niveau de vigilance suffisant pour qu'ils puissent être réceptifs et disponibles, développer une attention sélective qui autorise le traitement des informations et, ainsi, comprendre et apprendre. Ce qui n'est pas le cas lorsqu'on ne respecte pas un épisode de sieste qui fait encore partie de la « carte d'identité veille-sommeil ». L'institution Éducation nationale et la hiérarchie scolaire prennent une grave responsabilité en ignorant que la sieste fait partie du développement individuel.

Les conséquences négatives d'un non-respect du rythme veille-sommeil des jeunes enfants accueillis dans la petite section de l'école maternelle sont amplifiées par les discontinuités, ruptures ou perturbations qu'ils vivent à la mi-journée, en particulier lorsqu'ils prennent leur repas dans une cantine bruyante et insécurisante. On peut s'interroger notamment sur les conséquences de repas régulièrement mal supportés, refusés ou régurgités par les enfants de deux à trois ans accueillis dans une cantine, ou d'une consommation « forcée » des aliments faute d'une alternative et d'une prise en compte individualisée des goûts, aversions, phobies, allergies… Par comparaison, il y a dans les crèches une continuité dans le même lieu entre le temps du repas, le temps des soins hygiéniques et le temps de la sieste. Le plus souvent, le petit nombre d'enfants, l'effectif des professionnels et la communication quotidienne avec les parents permettent une prise en compte individualisée des goûts, aversions, phobies, allergies…

Le développement des compétences-socles, des conduites de socialisation, des activités symboliques et des ressources cognitives

Disposant habituellement de plus de surface que les petites sections d'école maternelle, sous la tutelle d'administrations plus flexibles, mais pas moins attentives, la plupart des crèches donnent objectivement aux enfants plus d'« espace vital » pour déambuler, courir, enchaîner les poursuites ludiques, communiquer… en toute liberté. Elles donnent ainsi aux plus « verrouillés » l'occasion de débrider leur motricité et leurs interactions. Les plus instables peuvent satisfaire leur « besoin » apparemment irrépressible de « mouvement pour le mouvement », avec un risque réduit de bousculer ou de renverser des pairs. Les plus autocentrés, timorés, craintifs, mutiques s'installent dans des « coins » d'observation à l'écart de la circulation des groupes. Disposant de plus de surface que la plupart des petites sections d'école maternelle, les crèches peuvent organiser des secteurs thématiques plus vastes et mieux organisés, parfois dans des salles différentes. Dans tous les cas, l'effectif réduit dans chaque classe d'âge, le ratio « professionnels-enfants » et les espaces disponibles permettent aux enfants d'évoluer dans des petits groupes qu'ils forment spontanément avec leurs pairs, ou qui sont favorisés par les professionnels. Ils sont parfois stables, parfois mouvants et recomposés, selon les moments de la journée et selon les jours. Les enfants peuvent ainsi alterner les activités libres, c'est-à-dire choisies, inventées et ouvertes aux autres, et les activités orientées, proposées ou dirigées par l'un ou l'autre des professionnels dans un cadre éducatif ou autre. En outre, il est fréquent que, dans les lieux de vie intérieurs, ils puissent coloniser des superstructures sécurisées qui permettent la conquête de toutes les dimensions de l'espace (espaliers, toboggans, plans inclinés, escaliers, « tunnels », parois percées d'ouvertures qui autorisent la traversée...). Même si, très malheureusement, les directives sécuritaires de ces dernières années ont freiné ou empêché les aménagements d'espace sans raison avérée. Nous avons vu que, lorsqu'ils sont fondés sur les données de la recherche, les aménagements sécurisés des espaces de vie favorisent de multiples « émergences », capacités et régulations chez tous les enfants, y compris les plus insécurisés qui cumulent les difficultés personnelles, familiales et sociales. Leurs capacités fondamentales (ou compétences-socles), leurs conduites de socialisation, leurs activités symboliques et leurs constructions cognitives sont plus lisibles, fonctionnelles et complexes que chez les enfants du même âge accueillis dans des crèches non aménagées.

S'agissant des petites sections d'école maternelle, elles sont peu nombreuses à disposer d'une salle polyvalente suffisamment vaste et dégagée d'obstacles, ou de plusieurs salles suffisamment grandes, pour permettre à vingt ou à trente enfants de déambuler, courir, enchaîner les poursuites ludiques, communiquer... en toute liberté, et donc de se découvrir des possibilités cachées, en tout cas non exprimées dans d'autres conditions. Disposant d'une surface limitée, et sollicitées aux mêmes moments par plus ou moins d'enfants, l'enseignant(e) et l'aide maternelle n'ont pas d'autre possibilité que de limiter et canaliser les déplacements et les comportements en créant des « coins thématiques », et en imposant une organisation du temps et des activités qui laisse peu de place aux initiatives individuelles et aux capacités créatives que peut activer le libre choix des objets, situations et activités avec des partenaires choisis. En outre, elles doivent gérer vingt à trente façons d'être et de faire pour éviter que les « fonceurs », les enfants du « mouvement pour le mouvement »... créent un « bruit de fond » difficile à supporter et un faisceau d'interactions impossibles à contenir ou structurer. Surtout lorsque, à certains moments de la journée ou certains jours, pour une raison ou une autre (conditions climatiques, accumulation des fatigues au fil de la journée et du trimestre, événements déstabilisants...), les conflits, les compétitions et les comportements de détresse se multiplient, par exemple, et tout simplement, lorsque des enfants sont confinés dans leur classe à cause du mauvais temps.

Il est donc illusoire de penser que, dans les conditions actuelles de son fonctionnement, la petite section de l'école maternelle puisse donner aux enfants (à tous les enfants, y compris évidemment à ceux qui souffrent ou dont la famille souffre) des avantages en termes de compétences, de conduites de socialisation, de langage, d'activités symboliques et de ressources cognitives qui se retrouveraient les années suivantes dans les autres classes, puis à l'école élémentaire.

S'agissant du lien social avec des partenaires d'un autre milieu, d'une autre culture ou d'une autre ethnie, les repères sont certainement plus faciles à prendre et les différences plus faciles à intégrer pour un enfant de deux à trois ans s'il évolue tous les jours au sein de petits groupes que s'il est accueilli dans une classe de vingt à trente élèves.

Seuls les enfants solidement ancrés dans la sécurité affective peuvent libérer leurs émotions, leurs compétences-socles, leurs conduites de socialisation et leurs processus cognitifs dans les conditions actuelles de fonctionnement de la petite section d'école maternelle.

Si on se fonde sur l'observation banale d'enfants de deux à trois ans accueillis dans une crèche où la mixité sociale, culturelle et ethnique est une réalité, les comportements affiliatifs sont plus fréquents, les conduites autocentrées moins durables, les agressions moins nombreuses, plus faciles à réduire et à canaliser que dans les petites sections d'école maternelle du même secteur urbain et géographique. Les interactions sociales et les échanges langagiers sont aussi plus fréquents, durables et diversifiés. Les ressources cognitives circulent mieux entre enfants et avec les professionnels. Mais les crèches mixtes restent rares parce que de nombreuses familles, notamment celles qui sont issues de l'émigration, n'ont pas assez de ressources financières pour leur confier leurs enfants. En revanche, les écoles maternelles sont gratuites et donc ouvertes à tous.

Les possibilités d'innovation

Il faut pour l'accueil des enfants de deux à trois ans de nouvelles dispositions, de nouvelles stratégies et de nouvelles structures. On peut citer les exemples suivants.

– *La création d'un groupe de travail permanent et pluridisciplinaire,* et non d'une commission, qui réunisse pédopsychiatres, pédiatres, psychologues, chercheurs, éducateurs de la petite enfance, puéricultrices, orthophonistes, enseignants d'école maternelle, RASED (Réseau d'aide spécialisée aux élèves en difficulté), et les autres professionnels de terrain (assistantes et aides maternelles, travailleurs sociaux...). Sa première mission serait d'élaborer une charte qui ait pour objectif de définir clairement les besoins des enfants de deux à trois ans, les différences individuelles qu'il faut prendre en considération dans un lieu collectif et les attentes des familles, selon les couches sociales, les facteurs culturels et les origines ethniques. Partant de cette réflexion, le groupe de travail proposerait des améliorations dans l'organisation et le mode de fonctionnement des structures d'accueil existantes, mais aussi la création de nouvelles structures, mieux adaptées aux réalités et aux changements.

– *La création d'un deuxième groupe de travail qui redéfinisse les réalités, les finalités et les missions de toutes les sections de l'école maternelle,* non pas seulement dans la perspective de préciser et de renforcer les liens éducatifs, pédagogiques et institutionnels avec l'école élémentaire, mais aussi dans le souci de révéler, d'activer, de structurer et de rendre fonctionnels les mécanismes, processus et régulations qui sous-tendent le développement individuel, la vie émotionnelle et affective, les systèmes d'interaction et de communication, la maîtrise des langages, les processus de socialisation, les processus cognitifs et les activités symboliques. Sans que cette école soit obnubilée par les apprentissages scolaires dits fondamentaux (la lecture, l'écriture et le calcul). En d'autres termes, sa mission devrait être de faire « émerger » c'est-à-dire de rendre lisibles et de cultiver les différentes facettes et compétences de la personne en cours de construction qui « se cache derrière » chaque enfant-élève à chaque âge. Et, en même temps, de le conduire à de nouvelles acquisitions dans le respect de ses rythmes. Il faut aussi que l'école maternelle soit en liaison plus étroite et fonctionnelle avec les familles et les différents professionnels qui ont accueilli et « porté » l'enfant avant qu'il soit reçu dans la petite section. Il est pour le moins surprenant que la « consultation Thélot » organisée par le ministère de l'Éducation nationale et le rapport ensuite diffusé aient montré aussi peu d'intérêt et de compétence pour l'école maternelle. Celle-ci a quasiment été mise entre parenthèses comme si le devenir scolaire de l'enfant-élève commençait au cours préparatoire ou à la rigueur en grande section, devenue une sorte de propédeutique de l'école élémentaire. On raisonne et on agit comme si les premières années pouvaient être effacées du « parcours » des enfants-élèves et comme si la résilience était la règle dès lors que le cadre institutionnel devient le même pour tous. Pourtant, on ne sait rien des mécanismes et processus qui peuvent permettre à un enfant de résister aux déficits, dommages, déstabilisations, « déconstructions »... qu'il a vécus au cours de ses premiers mois et premières années, c'est-à-dire sa capacité éventuelle de résilience. On en profitera pour regretter la vulgarisation et la médiation imprudentes, d'une notion incertaine, mal maîtrisée et mal étayée, même si elle doit être considérée avec attention (Cyrulnik, 1998-2001). Paradoxalement, et de façon contradictoire, il est affirmé dans de nombreux discours et rapports, notamment du ministère de l'Éducation nationale, que la réussite à l'école élémentaire serait influencée par le nombre d'années passées à l'école maternelle. Cette hypothèse n'est pas clairement démontrée, même si elle paraît confortée par le vécu des enseignants et des écoles. Il ne suffit pas en effet de faire des comparaisons globales entre des enfants qui ont passé une, deux années ou plus dans une école maternelle. Encore faut-il pouvoir comparer chaque enfant à lui-même d'une année à l'autre, de la première classe d'accueil à l'école maternelle, puis à la fin de l'école élémentaire et au-delà. Cela, en tenant compte du mode de fonctionnement, de la pédagogie, de l'âge et du nombre d'enfants, du lieu d'implantation de chaque classe et, aussi, des particularités personnelles, familiales et sociales qui caractérisent les enfants « sous observation » tout au long de leur parcours préscolaire. Dans l'état actuel de la diversité des écoles, et en l'absence d'une méthodologie reproductible dans la conduite d'études longitudinales, il est quasiment impossible de démontrer les véritables effets ou conséquences du nombre d'années passées à l'école maternelle sur les résultats et performances des enfants-élèves à l'école élémentaire, même si on peut objectiver logiquement des facilitations et corrélations significatives entre les acquisitions et les apprentissages en grande section et les réussites cognitives au cours préparatoire.

– *La constitution d'un fonds national et européen pour accueillir les enfants de deux à trois ans dans des crèches gratuites, ou des structures « équivalentes » elles aussi gratuites, ou des écoles maternelles réellement adaptées à cette classe d'âge.* Cela est prioritaire dans les secteurs urbains en souffrance sociale et pas seulement les zones d'éducation prioritaire, dans les zones rurales ou de montagne délaissées ou enclavées, et enfin dans les milieux insulaires. On atténuerait ainsi le poids de la dimension économique et des freins culturels qui empêchent les familles de confier leur enfant de deux à trois ans à une crèche, faute de ressources suffisantes ou d'une « démarche volontaire », et qui les conduit à demander son inscription dans une petite section d'école maternelle, gratuite et ouverte à tous, quels que soient son mode de fonctionnement, l'effectif des enfants... La réalisation de crèches gratuites ou de structures apparentées contribuerait à la lutte contre la marginalité et les différentes formes d'exclusion (sociale, culturelle, ethnique...) en donnant aux jeunes enfants l'opportunité de tisser en toute sécurité affective des premiers liens sociaux au sein de petits groupes sécurisants, dans un environnement bien conçu et avec des professionnels disponibles, quelles que soient les particularités de la « niche familiale » et de l'habitat.

– *La création de réseaux entre les structures du type crèche et les écoles maternelles*, non seulement pour qu'elles développent entre elles des réseaux de « passerelles », d'interactions, de collaborations et de projets communs, mais aussi pour que la petite section d'école maternelle assure une continuité avec la crèche dans la prise en compte de tous les besoins des enfants de deux à trois ans (hygiène, soins corporels, alimentation, sommeil, « veille médicale », bains de langage, motricité...), et aussi dans les stratégies d'accueil, l'organisation du temps, l'aménagement des espaces et la participation des familles à la vie quotidienne. Cela, en se fondant sur les particularités du développement de l'enfant dans cette classe d'âge et sur les différences interindividuelles.

– *La possibilité pour les familles, les assistantes maternelles et les autres personnes qui « gardent » des enfants de rendre visite à des crèches pour y passer un certain temps.* Les enfants placés sous leur responsabilité auraient ainsi la possibilité d'évoluer un jour ou l'autre dans des espaces accueillants et diversifiés, en interaction avec de nouveaux partenaires (pairs au même niveau de développement ou non, professionnels, acteurs extérieurs...), et ainsi de s'introduire progressivement dans un lien social et multiculturel.

– *La création de « crèches-écoles enfantines » spécialement conçues pour les enfants âgés de deux à quatre ans.* Leur organisation et leur mode de fonctionnement permettraient à chacun d'avoir au cours de la journée des « temps-sujets » dégagés de la vie en groupe, en interaction ou non avec les professionnels, des temps partagés avec des pairs au sein de petits groupes et des temps de « vie sociale élargie » avec dix à quinze partenaires du même âge, et parfois d'âges différents, sous la responsabilité de professionnels en nombre suffisant. Ces structures seraient conçues pour accueillir les enfants de deux ans issus des crèches, gardés dans leur famille ou au domicile d'une assistante maternelle au cours des deux premières années, venant d'institutions spécialisées (enfants orphelins, maltraités...), qu'ils présentent ou non des « particularités » (handicaps sensoriels ou moteurs, troubles du développement, du comportement ou de l'attachement...). La liaison avec l'école maternelle serait assurée par une équipe chargée d'organiser les interactions et les échanges entre d'une part les deux-quatre ans des « crèches-écoles enfantines » et d'autre part les quatre-cinq ans de l'école maternelle. Fondé sur des stratégies d'accueil personnalisé de l'enfant et de sa famille, l'aménagement du temps et l'aménagement des espaces, ainsi que sur la flexibilité, le mode de fonctionnement des « crèches-écoles enfantines » permettrait à des enfants de quatre-cinq ans de « revenir » dans un groupe de deux-quatre ans, en cas de maladie, de recomposition du milieu familial, d'événements déstabilisants... Cela, dans le cadre d'une collaboration active des familles et des personnes-ressources concernées (pédiatres, pédopsychiatres, psychologues, éducateurs, travailleurs sociaux...). Les « crèches-écoles enfantines » pourraient englober un lieu de médiations croisées (entre les parents, l'enfant et les professionnels, avec les crèches « en amont » et les moyennes sections des écoles maternelles « en aval »...), un lieu de formation complémentaire pour les puéricultrices, les éducatrices de jeunes enfants, les professeurs des écoles de l'école maternelle et de l'école élémentaire, les cliniciens, les travailleurs sociaux, les magistrats et aussi un lieu d'informations spécialisées (livres, DVD...). Autrement dit, ces structures nouvelles pourraient être des maisons de la petite enfance ludiques et éducatives qui associent les différentes structures existantes dans l'accueil des enfants de deux à quatre ans (crèches, écoles maternelles...), ainsi que les différentes catégories de professionnels concernées. Certaines pourraient être spécialisées dans l'accueil des enfants sans attache ni attachement « secure », enfants orphelins, délaissés, rejetés ou abandonnés, ballottés d'une « famille » à une autre, sans rythmes stabilisés en raison du travail de nuit, du travail posté ou des rythmes de vie « erratiques » du ou des parents, etc. Ainsi pourraient se construire des liens sociaux ancrés dans une sécurité affective naissante ou retrouvée.

CHAPITRE 5

Réflexions développementales et psychanalytiques sur la scolarisation précoce

Bernard GOLSE

Avant d'envisager la question spécifique de la scolarisation précoce, quelques remarques préliminaires nous semblent indispensables sur la question des fonctions du penser (pourquoi pense-t-on ?), ainsi que sur les grandes étapes du développement psychique de l'enfant.

Ces deux problématiques doivent en effet demeurer en filigrane de toutes nos réflexions sur le rôle de l'école, et sur l'âge adéquat de la mise à l'école, car elles permettent de comprendre pourquoi, jusqu'à deux ans, les enfants ont bien d'autres choses à faire qu'à apprendre, au sens strict du terme.

Pourquoi pense-t-on ?

La question peut sembler quelque peu radicale et le finalisme, comme toujours, risque de s'avérer, ici comme ailleurs, mauvais conseiller...

L'artificialisme, l'animisme, le réalisme et le finalisme sont en effet, on le sait bien depuis les travaux de J. Piaget, des résidus infantiles de nos modes de pensée.

Il nous a paru intéressant de tenter de répondre à cette question fondamentale car, après tout, dans la même veine que la fameuse question : « Pourquoi y a-t-il quelque chose plutôt que rien ? », l'interrogation sur le pourquoi de la pensée peut tout de même nous éclairer utilement, nous semble-t-il, sur la nature intime de nos processus de pensée, pour peu que l'on prenne garde de relativiser un tant soit peu la réponse à cette question préliminaire.

Pour relativiser les choses, qu'il nous suffise d'ailleurs de dire d'emblée que si nous avions la réponse à cette question : « Pourquoi pense-t-on ? », cela se saurait, très certainement...

Nous ne proposerons que des pistes de réflexion en nous plaçant principalement du point de vue du bébé, mais peut-être pas seulement. Trois d'entre elles nous semblent ainsi importantes parmi d'autres possibles :

– Y a-t-il tout d'abord un avantage sélectif du penser ?

– Le penser peut-il concourir ensuite à l'établissement de notre sentiment d'exister en tant qu'individu séparé, et donc à l'établissement de la communication ?

– Le penser a-t-il des liens avec la question de l'image motrice ?

On le voit, tout cela n'est pas simple, et d'autant moins simple, d'ailleurs, qu'on a voulu nous faire croire qu'on ne pensait *que* avec notre cerveau (remarque faite par Didier Houzel, communication non publiée).

Nous pensons, bien sûr avec notre cerveau, qui pourrait en douter ? Mais nous ne pensons sans doute pas *que* avec notre cerveau, notre corps participe aussi et c'est aussitôt tout le domaine des émotions qui s'ouvre.

Y A-T-IL UN AVANTAGE SÉLECTIF DU PENSER ?

Cette question est sans doute un peu abrupte et radicale, mais peut-être pas inutile dans la mesure où il existe de nombreuses espèces vivantes qui semblent se passer en grande partie de la pensée, dans le règne végétal notamment, encore que... sait-on jamais !

S'il est toujours épistémologiquement critiquable de vouloir définir une fonction par ses buts (dérive finaliste), il est en revanche possible de se demander quels peuvent être les avantages sélectifs de l'acquisition de la pensée du point de vue de l'évolution.

Nous indiquerons ainsi quelques hypothèses, après avoir rappelé que sous le terme de « penser » on peut entendre, globalement, le fait de se donner à soi-même une représentation de soi, des objets du monde, des liens entre soi et soi, des liens entre les objets et, enfin, des liens entre soi et les objets.

La fin du XXe siècle a été très préoccupée par la question des origines à laquelle la psychiatrie du bébé a apporté de nouveaux angles d'approche, mais la psychiatrie du bébé, elle-même, est en partie le fruit de cette quête des origines.

En tout état de cause, en se centrant sur la question des précurseurs, elle a permis de relancer la réflexion sur l'instauration ce que nous appelons les quatre « S », à savoir la subjectivation, la sémiotisation, la symbolisation et la sémantisation.

Le penser comme composante du système pare-excitation

L'enfant humain naît prématuré par rapport à ce qui se passe dans d'autres espèces et il a absolument besoin de la présence de congénères adultes comme auxiliaires de toute une série de fonctions.

Cela est clair pour les besoins corporels : il a besoin de sa mère pour pourvoir à son alimentation, à sa sécurité, à son hygiène, à sa santé... et peu à peu, dans un mouvement d'autonomisation et de prise d'indépendance, il va intérioriser et prendre à son compte ces diverses fonctions afin de pouvoir, finalement, les assurer lui-même.

Il en va de même pour la pensée. Au début, le bébé a besoin d'un autre pour penser ses propres perceptions, d'un autre qui lui prête en quelque sorte son « appareil à penser les pensées » (W. R. Bion).

Tout seul, il serait à nu et directement confronté au monde environnant et, de ce point de vue, la capacité de pensée intervient alors comme moyen de filtrage ou de tamisage étant entendu que l'appareil psychique ne peut travailler que sur de petites quantités d'énergie (S. Freud).

Autrement dit encore, le système pare-excitation de l'enfant se montre d'emblée double : une partie est prise en charge par l'adulte qui assure ainsi la fonction maternante (*holding*, protection...), tandis qu'une autre partie est prise en charge immédiatement par le bébé lui-même à travers la régulation de ses états de vigilance, grâce à ses processus d'habituation bien mis en évidence par l'échelle d'évaluation néonatale de T. B. Brazelton, par ses capacités de « démantèlement » (D. Meltzer), et également par le biais de ses capacités précoces de protoreprésentation mentale qui lui assurent une rencontre médiatisée avec les objets externes.

Le penser comme réparation symbolique

Le penser permet par ailleurs une réparation symbolique de la discontinuité obligée de la relation du sujet (ou futur sujet) avec ses objets externes.

C'est tout l'intérêt du jeu de la bobine (ou du « *Fort-Da* ») qui se profile ici avec le repli possible de l'enfant, en cas d'absence de l'objet primaire, sur une figuration matérielle et de plus en plus mentalisée de l'objet absent.

Cela revient à insister sur la fonction défensive des capacités de symbolisation vis-à-vis de la perte et de leur ancrage dans le « deuil » de l'objet primaire (S. Freud, J.-B. Pontalis, J. Kristeva).

Le penser comme ancrage narcissique

L'activité de pensée consolide enfin les assises narcissiques du sujet dans la mesure où le fait de se sentir penser concourt à l'instauration d'une certaine continuité du sentiment d'exister (D. W. Winnicott) à la différence de ce qui se passe au niveau du corps où, plaisir du fonctionnement musculaire ou sexuel mis à part, la santé physique se traduit de fait, plutôt, par un certain « silence des organes » (R. Leriche).

Penser pour exister et pour communiquer ?

La pensée ne sert pas d'emblée à communiquer avec autrui, mais bien plutôt avec soi-même, si l'on peut exprimer les choses de cette manière.

Autrement dit encore, il existe un temps « auto » de la pensée comme, d'ailleurs, il existe probablement un temps « auto » de tout processus développemental (sadisme et masochisme originaires, autoattachement, autoholding, autocontention, processus autocalmants...)

Intersubjectivité et subjectivation

Se poser la question de la pensée comme moyen de se sentir exister revient à se poser la question de l'intersubjectivité et de la subjectivation. On sait que l'intersubjectivité renvoie surtout au registre interpersonnel, tandis que la subjectivation renvoie fondamentalement au registre intrapsychique.

Nous rappellerons les trois grands modèles de l'accès à l'intersubjectivité :

- Celui d'une intersubjectivité secondairement acquise (en six à huit mois) à partir d'une indifférenciation initiale qui fait partie du « dogme psychanalytique » classique.
- Celui d'une intersubjectivité primaire, en quelque sorte donnée d'emblée, des modèles anglo-saxons de la psychologie du développement.
- Celui enfin, d'une intersubjectivité secondairement acquise mais à partir d'îlots d'intersubjectivité primaire, comme peuvent en parler des auteurs tels que D. Meltzer ou A. Alvarez.

Nous voudrions insister sur l'idée que, pour le bébé, c'est le fait de penser l'intersubjectivité et l'interaction qui permet d'instaurer la subjectivation, et cela, quel que soit le niveau thétique ou non thétique que l'on accorde à ce mouvement de subjectivation initiale.

D'une certaine manière, *on peut dire qu'il est nécessaire de penser l'interpersonnel pour instaurer l'intrapsychique* (« Au début était l'interaction », nous dit D. N. Stern, et non pas le Verbe).

Sur le fond du fait que la découverte du sujet et la découverte de l'objet se trouvent dialectiquement intriquées de manière indissociable, on peut alors avancer les trois propositions suivantes :

– La subjectivation authentique ne peut en rien n'être que grammaticale, mais elle se doit d'être également phénoménologique.

– L'autisme infantile précoce apparaît comme l'échec majeur des processus d'accès à l'intersubjectivité et de subjectivation phénoménologique.

– Le syndrome d'Asperger, quant à lui, peut être conçu comme un accès à la subjectivation grammaticale sans accès, pour autant, à la subjectivation phénoménologique.

Penser, communiquer, parler

Nous ne ferons ici que résumer les idées-forces qui sous-tendent le programme de recherche intitulé Pile (Programme international pour le langage de l'enfant) que nous avons initié avec Valérie Desjardins et toute notre équipe, à l'hôpital Necker :

– Il n'y a pas d'accès au langage verbal sans accès à l'intersubjectivité.

– Il n'y a pas d'accès à l'intersubjectivité sans comodalisation des différents flux sensoriels qui sont par essence discontinus.

– Il n'y a pas de comodalisation possible des différents flux sensoriels sans segmentation de ceux-ci en rythmes compatibles, et cette mise en rythmes compatibles apparaît désormais comme le fruit d'un travail conjoint de l'enfant (grâce notamment au bon fonctionnement de son lobe temporal supérieur) et de l'adulte (*via* l'ensemble du système interactif précoce).

À partir de là, et contrairement à ce qui a été proclamé à grands renforts médiatiques, durant l'été dernier, nous ne sommes pas passés de l'autisme de Kanner à l'autisme de scanner...

Nous sommes au contraire à un moment très particulier de l'évolution des connaissances où de réels points de convergence apparaissent entre les neurosciences et la psychanalyse, et où, enfin, se profile l'espoir de comprendre mieux comment s'articulent véritablement l'équipement neurobiologique et cérébral et les effets de la relation.

En tout état de cause, l'autisme est un paradigme efficace, à l'heure actuelle, pour pouvoir penser dans ces termes les avatars de l'intersubjectivité, de la subjectivation et de l'activité de pensée.

On peut dire, en quelque sorte, que le penser sert à la pensée, puisque c'est la mise en pensée de l'intersubjectivité qui va permettre la subjectivation laquelle, on le sait, permet la découverte conjointe du sujet et de l'objet et de leurs liens réciproques qui sont l'objet même de notre activité de représentation.

En résumé

– Le penser s'enracine dans la défense, mais cela n'exclut en rien la créativité.
– Il en va de même pour le langage qui, d'un point de vue psychanalytique se fonde sur le deuil (développemental) de l'objet primaire, comme y insistent, nous l'avons déjà dit, des auteurs tels que J.-B. Pontalis ou J. Kristeva.
– Telle est, finalement, la différence de fond entre cognitivistes et psychanalystes, et cette différence-là est peut-être à jamais... irréductible !

Le penser et la question de l'image motrice

À propos de l'image motrice, la question est au fond de savoir si l'on pense pour agir, ou si l'on agit pour penser ?

Il y a, là, un vrai débat parce que selon que l'on considère l'image motrice comme un reflet de la pensée ou, au contraire, comme la pensée en acte, c'est-à-dire comme un mode de pensée par lui-même, alors c'est toute la question de la légitimation de l'observation directe qui se trouve posée : dans le premier cas, l'observation directe ne donnerait en rien accès aux processus de pensée eux-mêmes, dans le second cas, au contraire, l'observation directe, ne serait pas seulement une observation comportementale, mais bel et bien un moyen d'accès sans détour à la pensée en tant que telle.

L'enjeu conceptuel est de taille, étant entendu, cependant, que les partisans de l'observation directe ne sont bien évidemment pas aussi naïfs qu'on voudrait parfois le faire croire et qu'ils ne prétendent en rien pouvoir assister en *life time* au refoulement originaire...

L'image motrice, en tant que mode de pensée primordial, pourrait donc fournir la base de la représentation d'action, et certains auteurs n'hésitent pas à considérer que toutes les représentations mentales sont, de fait, des représentations d'action.

Ajoutons enfin que l'image motrice semble pouvoir prétendre à être à la fois la source de la pensée chez le sujet, mais aussi la source d'une certaine forme de pensée chez l'autre, *via* l'empathie et les neurones-miroirs (M. Jeannerod).

Quelles que soient, en réalité, les fonctions du penser, l'enfant arrive dans un monde où il y a déjà de la pensée et du langage, et il lui faut d'abord un certain temps pour se les approprier, pour accéder au statut de sujet pensant, pour devenir un locuteur de sa langue, et cela passe par des mécanismes complexes, multiples et en partie identificatoires, qui n'ont rien à voir avec ce que l'on entend habituellement sous le terme d'apprentissage.

Les étapes du développement

À une époque où différentes expertises collectives de l'INSERM risquent de mettre à mal l'approche psychodynamique du développement psychique de l'enfant et de ses troubles, il faut préciser que jusqu'à maintenant c'est la seule approche qui nous offre une certaine cohérence conceptuelle. De plus elle permet de prendre simultanément en compte l'évaluation dans l'instant des fonctionnements psychiques du sujet (point de vue synchronique) et son inscription au sein de l'histoire de ses filiations (point de vue diachronique).

Le développement entre cognition et affectivité

Le développement à l'interface du dedans et du dehors

Le développement de l'enfant et ses troubles se jouent à l'exact entrecroisement du « dedans » et du « dehors », soit à l'interface de sa part personnelle et de son entourage, soit encore à la rencontre de facteurs endogènes (équipement neurobiologique, cognitif...) et de facteurs exogènes (effets de rencontre avec l'environnement écologique, biologique, alimentaire et surtout relationnel).

R. Kaes a ainsi pu écrire : « Le monde est corps et groupe, il n'est que corps et groupe. »

C'est ce que l'on peut aussi entendre sous le concept de *double ancrage corporel et interactif* de la croissance et de la maturation psychique de l'enfant, tel que nous avons pu le définir dans des travaux antérieurs (B. Golse).

L'étude du bébé nous amène donc à accorder au corps une place centrale, et de la même manière que S. Freud avait pu dire que le rêve représentait la « voie royale » d'accès à l'inconscient, on peut dire aujourd'hui que le corps du bébé représente la voie royale d'accès aux processus de symbolisation, de subjectivation, de sémantisation et de sémiotisation dans l'espèce humaine.

Quelques exemples d'intrication entre cognition et affectivité

– L'angoisse du huitième mois (R. Spitz) et la permanence de l'objet (J. Piaget) représentent, au fond, deux manières différentes mais convergentes de décrire l'accès à une stabilisation des représentations mentales. Pour R. Spitz, la description se centre sur la représentation mentale de la mère chez le bébé, tandis que pour J. Piaget elle se centre sur celle de l'objet cognitif, mais dans les deux cas le processus visé est le même puisqu'il s'agit toujours de l'acquisition de la capacité nouvelle de pouvoir se référer à une représentation mentale désormais fiable, soit de la mère en cas de confrontation du bébé à un visage inconnu ou non familier, soit de l'objet interne mémorisé en cas d'obstacle mis à la vision de l'objet concret externe.

– La latence et l'obsessionnalisation du Moi : l'entrée à l'école primaire met à profit la tendance physiologique de l'enfant à ritualiser un certain nombre de ses comportements à partir de l'âge de six ans environ, pour lui proposer, précisément, une organisation plus régulière et plus disciplinée de sa journée scolaire.

– La pensée logico-mathématique (J. Piaget) et l'intellectualisation (A. Freud) à l'adolescence, enfin, constituent un autre exemple de convergence entre la cognition et l'affectivité. Avec l'accès à la pensée logico-mathématique ou hypothético-déductive, la pensée de l'enfant se libère, en effet, de toute nécessité de support concret et peut désormais se déployer pour son propre plaisir (le plaisir de penser pour penser), ce qui va dans le même sens que l'intellectualisation qui déplace sur le terrain de l'intellect toute une série de conflits pulsionnels intrapsychiques propres à l'entrée dans l'adolescence.

La place centrale de l'émotion

Tout cela nous amène aujourd'hui à réserver une place centrale à la question de l'émotion (W. R. Bion, G. Haag) dont on sait désormais qu'elle a une fonction propre de représentation et que, loin de ne servir que de carburant affectif à l'activité intellectuelle, elle constitue au contraire le premier temps de la prise de connaissance de l'objet, c'est-à-dire qu'elle représente en elle-même le premier temps de la découverte de l'objet qui, dès lors, ne peut plus être clivé en une composante cognitive d'un côté et une composante affective d'un autre côté.

Le désir de savoir et la faim de savoir

Nous serons relativement brefs sur ce point, mais il importe cependant de rappeler que la question des apprentissages s'enracine à la fois dans le champ du cognitif et dans celui de l'affectif et que, de ce fait, toute modélisation des exigences et des difficultés scolaires qui ne prendrait en compte qu'un seul de ces deux registres s'avérerait inéluctablement réductrice.

Les racines du désir de savoir

Plusieurs modélisations méritent d'être rappelées.

– La curiosité sexuelle et la curiosité intellectuelle.

S. Freud a bien montré que la curiosité intellectuelle dérive, par sublimation, de la curiosité sexuelle (à l'appui de cette conception, citons seulement le concept de « masturbation intellectuelle »), et que toute inhibition de l'une peut ainsi retentir gravement sur le déploiement de l'autre.

Cette proposition freudienne met ainsi en avant le fantasme de la scène primitive comme organisateur premier du désir de savoir, ainsi que la pulsion dite « scoptophilique » (pulsion de voir) comme force structurante de ce désir.

– L'envie, au sens kleinien du terme, pour le contenu du corps maternel (mixte chaotique de féces, d'enfants, voire de pénis paternel), complète le schéma freudien précédent en faisant du désir de savoir un mouvement d'appropriation relativement archaïque et originaire. Savoir ce que l'autre a « dans le ventre » sous-tend ainsi le désir de savoir, et l'on sait, par exemple, le plaisir que peuvent éprouver certains garçons en période œdipienne à démonter tous les objets qui leur passent entre les mains, avant même d'être en mesure, bien entendu, de les remonter !

– Le conflit esthétique décrit par D. Meltzer insiste sur l'énigme devant laquelle se trouve d'emblée confronté le très jeune enfant : « Ma mère est-elle aussi belle dedans que dehors ? », énigme qui a une fonction intensément stimulante du désir de savoir.

Cette perplexité plus ou moins anxieuse est celle qui nous étreindra, en fait, toute notre vie lors de la contemplation des œuvres d'art notamment, et elle repose sur une interrogation dialectique entre le dedans et le dehors de l'objet, soit entre la bi- et la tridimensionnalité.

Cette théorisation de D. Meltzer a fait l'objet de nombreuses controverses dans la mesure où, d'une part, elle suppose un accès d'emblée à la tridimensionnalité et où, d'autre part, elle renverse la chronologie classique des positions schizo-paranoïde et dépressive du modèle kleinien.

Ici, en effet, c'est la position dépressive qui est première et c'est pour échapper à l'angoisse dépressive de l'énigme du dedans de l'objet (d'emblée perçu dans sa totalité) que l'objet va être fragmenté en objets partiels propres à la position schizo-paranoïde qui revêt donc une fonction défensive et qui ne se structure, ici, que dans un temps second.

– La capacité réflexive (P. Fogany) et la théorie de l'esprit (U. Frith, S. Baron-Cohen).

La « capacité réflexive » est la capacité de l'enfant à se représenter que l'autre et lui-même fonctionnent en termes d'« états mentaux ».

La « théorie de l'esprit » vise à rendre compte des processus qui permettent progressivement à l'enfant de se représenter les représentations mentales d'autrui et d'admettre que celui-ci peut avoir des projets, des intentions et des buts distincts des siens.

La première se réfère surtout au champ du développement affectif, la seconde se réfère surtout à celui du développement cognitif, mais les deux témoignent de l'accès à l'intersubjectivité et sous-tendent, on le sent bien, le désir de savoir ce qui se passe dans la tête de l'autre.

Les deux aspects du désir de savoir

D. Meltzer dans *Les Structures sexuelles de la vie psychique* a bien montré que le désir de savoir peut reconnaître deux dimensions très différentes, la « soif de connaissance » et la « faim d'informations ».

– La soif de connaissance, primaire et préœdipienne, et liée au Moi idéal, renvoie à un désir intense de s'approprier l'objet et son contenu au risque de le détruire.

– La faim d'informations, postœdipienne et liée à l'idéal du Moi, renvoie, quant à elle, au désir de posséder un savoir sur l'objet, sans destruction de celui-ci, mais dans une perspective de rivalité avec les images parentales liées aux identifications secondaires de type œdipien et postœdipien.

Il s'agit donc de deux niveaux distincts du désir de savoir dont la charge de destructivité n'est pas la même et qui demeurent, peu ou prou, plus au moins intriqués tout au long de l'existence.

Les différents types de liens selon W. R. Bion

On sait que W. R. Bion a distingué trois types de liens principaux : les liens L (*love*) ou A (amour), les liens H (*hatred* ou haine) et les liens K (*knowledge*) pour insister sur le fait qu'il n'y avait pas d'activité de connaissance qui ne s'enracine dans la dynamique des émotions.

Dans ce modèle, nous l'avons déjà dit mais nous le répétons, l'émotion ne joue pas seulement comme motivation de nos activités d'apprentissage, mais elle constitue véritablement le temps premier de la rencontre avec l'objet et de sa prise de connaissance, ce qui souligne l'importance du contexte affectif dans la mise en jeu, constructive ou non, de la dynamique d'apprentissage.

Le désir de savoir et la peur d'apprendre

Serge Boismare, de son côté, a bien montré qu'un certain nombre de difficultés d'apprentissage se situent au point de rencontre précis entre cognition et affectivité, et nous ne ferons ici que rappeler son travail si profond avec les adolescents qui, selon son expression, « ont envie de savoir mais peur d'apprendre », ce qui reprend autrement certaines des propositions rappelées ci-dessus.

Une société agitée

Pour un éloge de la lenteur et de la spontanéité

– Les représentations mentales de l'enfance et l'anticipation pathogène.

Parmi les représentations mentales que les adultes se donnent de l'enfant et de l'enfance, il y a celles qu'on désigne habituellement sous le terme d'enfant « culturel ou mythique », à côté de l'enfant « imaginaire », de l'enfant « fantasmatique » et de l'enfant « narcissique ».

L'enfant culturel correspond à l'image que se fait de l'enfance une société donnée à un moment de son évolution et de son histoire.

Dans la société qui est actuellement la nôtre, l'enfant se trouve être plus rare, donc plus précieux, plus tardif aussi dans la vie des couples, et c'est un enfant à qui l'on demande d'être parfait (en raison, notamment, du développement des techniques de diagnostic anténatal) et de plus en plus vite autonome.

Dans cette dernière perspective, on entend souvent les parents d'un enfant en grande section de maternelle dire en souriant, mais le dire quand même, qu'il est en « mat(h) sup », allusion étant faite ici à la classe bien plus tardive de « mathématiques supérieures »...

On voit bien l'anticipation forcenée qui transparaît ici, puisque, entre ces deux classes, il y a au moins treize ou quatorze ans d'écart !

Bien entendu, l'exemple est ici extrême et il ne s'agit là que d'une plaisanterie de la part des parents, mais cela n'empêche : anticipation il y a, et souvent fort anxieuse...

Il faut rappeler avec force que les apprentissages de l'enfant, pour être harmonieux et solidement ancrés, nécessitent que nous respections ses rythmes internes, et qu'à tirer trop vite en avant on risque au contraire de l'amener à des acquisitions intempestives, artificielles et finalement fragiles.

Ces réflexions doivent évidemment nous guider pour penser la délicate question des rythmes scolaires, ainsi que celle de la scolarisation précoce.

On pourrait dire que plus une société est agitée, moins elle tolère les enfants agités, enfants dits hyperactifs, mais plus, elle créerait les conditions mêmes de l'agitation, étant ainsi amenée à produire, paradoxalement, ce qu'elle craint ou qu'elle dénonce.

Le paradigme des travaux de l'Institut Loczy

Relayés en France par Myriam David et Geneviève Appell, les travaux de cet institut de Budapest, soixante ans après sa fondation, demeurent encore véritablement pilotes et exemplaires en matière de respect des rythmes de l'enfant.

Nous ne pouvons les détailler ici, mais ils nous sont très précieux pour aider l'enfant à faire ses propres trouvailles intellectuelles dans un climat émotionnel respectueux de sa liberté et de son statut de personne à part entière ; ces travaux insistent à nouveau sur le nouage indissociable entre le registre de l'intellect et celui de l'affectivité.

Les positions de Maria Torok

Première psychothérapeute à travailler en école maternelle en France dès 1954, Maria Torok, qui théorisera la « pulsion d'introjection », a consigné ses écrits dans des manuscrits encore inédits de 1953 et de 1959.

Maria Torok écrit, ainsi, dans *Psychanalyse et Pédagogie* (1953) :

> Tout ce que l'enfant vit et ressent dans son corps cherche une élaboration expressive suivant les données de l'âge : dans des actes de motricité ou de pensée (jeux, fantasmes « agis » ou verbalisés). L'importance de cette élaboration réside en ce que le vécu du corps, insaisissable et anonyme, obtient par cette voie un nom dans le sujet et devient, par conséquent, manipulable par son Moi. Ce dernier, d'ailleurs, s'éveille en tant que Moi conscient précisément lors de l'élaboration expressive des émois. Laisser libre cours à l'élaboration spontanée signifie reconnaître la validité des vécus de l'enfant et lui permettre une prise de conscience progressive de soi et de ses pouvoirs.

C'est par rapport aux vécus enfantins d'emblée insaisissables, car dénués de nom et donc de socialisation, que Maria Torok appellera la pédagogie à jouer un rôle déterminant.

L'éducation de l'enfant se fondera sur une relation pédagogique semblable à celle qui résulte de la situation analytique.

> Elle exclura toute coercition et toute moralisation : le pédagogue se borne, en miroir fidèle, à renvoyer à l'enfant le jaillissement de son monde fantasmatique, permettant ainsi une maturation spontanée de sa vie affective et une intégration de ses désirs dans un moi social.

Si l'éducatrice s'abstient de toute prise de position et laisse se dégager, sans préjugés, l'interrogation et le projet enfantins, son attitude aura pour effet d'accueillir et de promouvoir l'expression et l'élaboration réflexive de tout contenu, quel qu'il soit (par exemple, les questions dites difficiles sur la mort, la naissance, le couple, la guerre...). De la méthode pédagogique préconisée par M. Torok surgira non pas une transmission de mœurs, de savoirs ou de moyens de production, mais « la liberté de se donner un sens toujours nouveau ». Le pédagogue permettra à l'enfant de se reconnaître progressivement comme « l'auteur de ses propres démarches » ; l'enfant verra dès lors qu'il peut faire « jaillir le monde de lui-même », et il deviendra, pour ainsi dire, la « source souveraine de tous les sens ».

Et cela justement parce qu'il reçoit la possibilité de nommer, et *ipso facto* de légitimer au sein du groupe social, chacun de ses vécus et ceux de son entourage.

Si l'enfant se découvre ainsi dans une autonomie créative, c'est qu'il prend conscience de son pouvoir d'instituer et de destituer des réalités, des solutions personnelles et intersubjectives toujours nouvelles.

On pourrait dire que si, selon Torok, la pédagogie peut apprendre quelque chose d'authentique à l'enfant, c'est bien la légitimité même de son désir d'introjecter le désir de se créer en harmonie avec les autres, et les acquis de la civilisation. La psychanalyse interviendra seulement pour libérer les introjections, les élaborations manquées, menacées, entravées ou assassinées.

Pour clore ces remarques sur le développement

Nous insisterons sur trois points seulement :

• *E-DUCERE VERSUS SE-DUCERE*

Il existe tout d'abord une sorte de relation inverse entre le concept d'éducation et celui de séduction.

Étymologiquement parlant en effet, l'é-ducation vise à conduire l'enfant à s'éloigner de l'adulte afin qu'il puisse trouver son indépendance et son autonomie, tandis que la sé-duction vise au contraire à maintenir un rapprochement (plus ou moins érotisé ou incestuel) entre l'adulte et l'enfant.

S'il est rare que la séduction puisse revêtir un rôle éducatif, il est certain, en revanche, que l'éducation passe parfois par un certain rapport de séduction, mais d'une séduction qui se doit alors d'être narcissique et en rien érotisée.

• LA CAPACITÉ D'ÊTRE SEUL COMME APTITUDE À NE L'ÊTRE PAS

Par cette proposition paradoxale, nous aimerions seulement évoquer le fait que le processus de croissance et de maturation psychiques de l'enfant ne peut être assimilé au fait de l'apprentissage de la solitude.

Bien entendu, D. W. Winnicott a parlé de la « capacité d'être seul » comme d'un progrès dans l'ordre de l'autonomisation de l'enfant. Mais il a aussi beaucoup insisté sur le fait que devenir capable d'être seul passait inexorablement, pour l'enfant, par une étape intermédiaire correspondant à la situation d'être-seul-à-côté (de la mère).

« Maintenant que tu es grand, tu peux le faire tout seul », dit-on souvent aux enfants.

En réalité, ce n'est pas tant de faire les choses seul dont l'enfant a envie, que de les faire seul-à-côté-d'un-adulte qui le regarde et qui le pense.

Ce que D. W. Winnicott pointe, ici, c'est que la capacité d'être seul dépend en fait, fondamentalement, d'un mécanisme d'intériorisation de la mère dont l'absence au-dehors ne pourra être supportée que par l'instauration de sa présence au-dedans de la psyché de l'enfant.

Autrement dit encore, être capable d'être seul, c'est au fond avoir les moyens de ne l'être pas, grâce à la présence interne de l'objet (primaire) qui s'est absenté au-dehors.

Cela rejoint, nous semble-t-il, ce que visait aussi A. Freud quand, à propos de la maturation des différentes « lignes de développement », qui permet l'acquisition de l'indépendance et de l'autonomie, elle disait que l'enfant devait intérioriser un certain nombre de fonctions maternelles afin de pouvoir, un jour, jouer lui-même, et pour son propre compte, à la mère et à l'enfant.

Citons alors Michel Schneider qui, dans un livre consacré à Glenn Gould (dont on connaît bien les aspects autistiques...), nous propose, utilement, de distinguer la solitude de l'esseulement :

> Être seul n'est pas être dans la solitude. Je garderai le mot de solitude pour parler de cet état où l'on est sans les autres, certes, mais où l'on se tient compagnie, et nommerai esseulement les temps, que je sois seul ou en compagnie, où ma propre compagnie me manque, les moments où le « quelqu'un qui manque » n'est pas tant l'autre que moi-même.

Il nous semble qu'il y a là une indication fort précieuse quant aux difficultés de l'enfant de mère déprimée à acquérir cette fameuse capacité d'être seul.

En effet, si la solitude correspond à un état où l'on est sans les autres mais « où l'on se tient compagnie », c'est bien parce que l'objet absent a été intériorisé avec ses propres capacités de contenance.

La mère qui est d'abord un objet contenant doit ainsi devenir un objet interne contenu, mais désormais susceptible d'exercer, comme du dedans, sa propre fonction de contenance.

Si la mère est déprimée, ou en difficulté psychique autre, elle risque alors, précisément, d'être insuffisamment contenante, et, dans ces conditions, le bébé ne pourra pas se tenir compagnie à lui-même : il sera dans l'esseulement et pas seulement dans la solitude.

Cette insuffisance de contenance et d'intériorisation de l'objet primaire menace, on le sent bien, tout le registre des identifications primaires, et donc le registre de l'Être, d'où cette notation de M. Schneider : « Le quelqu'un qui me manque n'est pas tant l'autre que moi-même. »

Un mot encore pour dire que cette dynamique nous semble rejoindre le schéma de la méiose que G. Haag propose au sujet de la différenciation intra- et extrapsychique de l'enfant.

Selon elle, en effet, à la manière des chromosomes qui doivent d'abord se dédoubler pour qu'une cellule mère puisse donner lieu à deux cellules filles, il importe que la mère et l'enfant, pour se séparer, puissent, chacun, emporter au-dedans de soi une image, une réplique, une copie de l'autre, soit une représentation mentale suffisamment efficace, et il est clair que les dépressions mère-bébé menacent tout particulièrement cette activité de reproduction psychique et sa vitalité.

• AIDER L'ENFANT À TROUVER SON PROPRE RYTHME ET LA JUSTE DISTANCE PAR RAPPORT AUX APPRENTISSAGES

Finalement, ce sont là les deux grands principes qui peuvent nous guider pour aider l'enfant à entrer dans les apprentissages tout en tenant compte des différentes étapes de son développement.

La chose est délicate, et d'autant plus délicate qu'elle dépend en grande partie de la manière dont l'adulte, l'enseignant ou l'éducateur eux-mêmes se situent par rapport à leur propre fonctionnement psychique et par rapport au savoir qu'ils ont d'abord acquis avant d'avoir à le transmettre.

Avant deux ans, la question n'est donc pas d'apprendre, mais de mettre en place une sécurité interne suffisante qui permette à l'enfant d'exprimer une curiosité pour son environnement et d'instaurer les bases du plaisir à désirer et à penser, ce qui passe bien plus par le repérage de ses objets externes, l'instauration de ses objets internes et la découverte de la relation individuelle et groupale, que par la situation d'apprentissage au sens étroit du terme.

La scolarisation précoce

La question de la scolarisation précoce est importante, car il nous semble que cette pratique serait dangereuse à plus d'un titre, si elle devait se voir appliquée de manière obligée et généralisée.

– Dangereuse car, répétons-le, plus une société est agitée, moins elle supporte les enfants agités et plus elle crée, paradoxalement, les conditions mêmes de cette agitation, conditions parmi lesquelles la scolarisation précoce occupe, selon nous, une place de choix.

– Mais dangereuse aussi car cette mesure, éventuellement « utile » aujourd'hui dans certaines zones sociologiquement difficiles, risque de faire oublier le véritable combat qui est en fait double : celui de se doter de lieux d'accueil de la petite enfance en nombre suffisant et en qualité satisfaisante, et celui d'améliorer encore davantage la qualité des classes de maternelle.

C'est pourquoi les pages qui suivent visent à faire sentir les difficultés inhérentes au concept de scolarisation précoce qui représente, comme on a pu le dire, une « fausse bonne idée ».

Qu'est-ce que la scolarisation précoce ?

Bien entendu, il ne s'agit pas d'apprendre à compter au fœtus dans le ventre maternel ! Encore que...

Il s'agit de scolariser les enfants, tous les enfants, dès l'âge de deux ans.

La loi le permet d'ores et déjà en France, mais elle n'est pas appliquée en tant que telle de manière extensive et généralisée, jusqu'à maintenant, tout au moins.

Cette possibilité revient aujourd'hui au-devant de la scène, et c'est là, me semble-t-il, que nous devons soigneusement réfléchir.

Le 1er avril 2005, l'Association française de psychiatrie, à l'initiative du Dr Christian Vasseur, a organisé à l'Assemblée nationale, une journée de réflexion sur cette question de la scolarisation précoce, journée dont le thème était : « La scolarisation précoce, une fausse bonne idée ? », et qui s'est tenue en présence, et avec la participation active, de Mme Claire Brisset, défenseure des enfants.

Nous avons eu le plaisir de participer nous-mêmes à cette journée, au cours de laquelle est intervenu notamment le Pr Roger Misès, et nous avons pu constater à quel point cette problématique s'avérait rapidement passionnelle.

Plusieurs interventions, qui ont été faites lors de cette journée, sont reprises dans cet ouvrage.

Quoi qu'il en soit, notre position est évidemment celle de la plus grande prudence face à ce dispositif de la scolarisation précoce généralisée des enfants, même si nous savons bien que celui-ci peut rendre service dans un certain nombre de situations particulières, j'y reviendrai.

Il y a en effet des racines aux processus d'apprentissage, et il importe de leur laisser le temps de se mettre en place.

Il ne s'agit pas seulement d'un droit *des* enfants, mais véritablement d'un droit *à* l'enfance.

Retour sur le développement précoce

Nous ne ferons qu'indiquer ici diverses problématiques développementales, sans les détailler, pour faire sentir qu'elles mettent en jeu des processus qui demandent du temps pour s'accomplir dans des conditions satisfaisantes.

La description détaillée de ces processus a été en partie évoquée ci-dessus, mais elle constitue l'essentiel du contenu de nos trois ouvrages principaux[1]. On trouvera dans ceux-ci les références bibliographiques nécessaires à l'éventuel approfondissement de ces notions fondamentales :

– La mise en place progressive des différents registres des enveloppes corporelles et psychiques, des liens primitifs et enfin des relations proprement dites. Chaque registre ne se substitue pas au précédent, mais s'y ajoute en le complexifiant, et l'instauration de chaque registre dépend en

1. *Insister-Exister (de l'être à la personne)*, Paris, 1990 ; *Du corps à la pensée*, Paris, 1999 ; et enfin *L'Être-bébé (les questions du bébé à la théorie de l'attachement, à la psychanalyse et à la phénoménologie)*, PUF, coll. « Fil rouge », Paris, 2006.

grande partie de celle du registre précédent : c'est ainsi que le Petit Prince se trouve dans l'incapacité de créer des liens avec le pilote, faute d'avoir d'abord établi de manière suffisamment « secure » ses propres enveloppes groupales.
– L'accès à une intersubjectivité secondairement stabilisée à partir de noyaux d'intersubjectivité primaire donnés d'emblée.
– L'organisation des schémas d'attachement à l'égard de la figure primaire d'attachement (généralement la mère), de la figure secondaire d'attachement (généralement le père), et enfin à l'égard des pairs (les autres enfants de la fratrie ou extérieurs à la famille).
– La constitution dialectique du couple identité individuelle/identité groupale enfin, avec à ce sujet tous les apports conceptuels issus des travaux de l'Institut Pikler-Loczy à Budapest.

On sent bien que toutes ces instaurations ne sont pas immédiates, qu'elles demandent du temps, et que tant que ce travail développemental initial ne s'est pas fait, il est sans doute trop tôt pour scolariser un enfant qui est encore un bébé.

Une fausse bonne idée, ou une vraie mauvaise idée ?

Nous reprendrons d'abord les arguments que G. Haag et A. Bentolila avaient développés pour s'opposer fermement à l'idée de la scolarisation à deux ans, lors d'un débat que l'Association française de psychiatrie avait également organisé sur ce thème, à la Cité des sciences et des techniques à La Villette, le 24 novembre 2004, et qui se trouvent repris dans cet ouvrage avant d'y ajouter nos propres réflexions.

Les arguments développementaux

La troisième année de vie marque, selon G. Haag, la fin du cycle qui va de la naissance jusqu'à l'acquisition du « Je ».

Il s'agit d'une période de différenciation et de transformation qui ne peut se faire que dans le contact émotionnel entre le bébé et ses parents ou leurs substituts.

La deuxième année permet la mise en jeu du processus d'individuation tandis que la troisième année (qui voit précisément l'avènement du « Je ») se trouve surtout consacrée au processus de personnalisation.

Pendant toute cette période, l'enfant pense avec son corps et avec les objets, c'est la période de l'intelligence sensori-motrice, bien décrite par J. Piaget, et G. Haag insiste, notamment, sur le fait que les premiers dessins surgissent alors et ne s'apprennent pas.

Elle parle également d'une sorte de révolution copernicienne quant à l'identité de l'enfant, avec le fameux passage du « à moi » au « Je », et elle décrit alors ce qu'elle nomme la « crise des deux ans et demi », marquée par l'agitation, une certaine instabilité avec irritabilité et agressivité entre les autres enfants, et parfois des retards de propreté et des refus de se déshabiller.

C'est seulement après cette crise développementale que l'enfant serait prêt pour l'école, une scolarisation prématurée lui faisant sinon courir des risques d'inhibition et de passivation.

G. Haag ajoute enfin que les normes d'encadrement des crèches sont de deux adultes pour dix à douze bébés, ce qui n'est évidemment pas le cas de l'école, et que, de ce fait, celles-là sont beaucoup mieux placées que celle-ci pour accompagner de manière structurante cette période particulière du développement de l'enfant.

Les arguments linguistiques

En complet accord avec G. Haag, A. Bentolila reprend au fond les mêmes arguments que celle-ci, mais en les reformulant dans son langage de linguiste.

Il ajoute que les Instituts universitaires de formation des maîtres (IUFM) ont totalement laissé tomber la maternelle, et que l'école ne peut donc, dans l'état actuel des choses, en rien prétendre apporter aux plus jeunes les nourritures psychiques dont ils ont besoin.

Si une insécurité linguistique s'instaure alors, il peut ensuite en résulter des difficultés d'apprendre à lire, et cela quelle que soit la méthode utilisée.

Il ne s'agit cependant en rien d'utiliser ce débat sur la scolarisation précoce pour réactiver la nostalgie des mères au foyer et pour culpabiliser les mères de leur activité professionnelle, qui constitue une évidente conquête de la modernité.

Nos propres arguments

L'idée de scolarisation précoce des enfants à deux ans nous apparaît personnellement comme une fausse bonne idée ou, surtout, comme une vraie mauvaise idée !

– Ce débat sur la scolarisation précoce comporte, à l'évidence, de réels enjeux socioculturels, dans la mesure où il reflète le fait que le travail des femmes n'est toujours pas profondément intégré par notre société qui se serait, sinon, donné les moyens d'offrir aux plus jeunes enfants des lieux d'accueil de qualité, permettant aux mères de travailler en toute sérénité d'esprit.

– Même au sein de la théorie de l'attachement qui a d'ailleurs souvent été utilisée comme moyen de lutter contre le travail des femmes, il y a place pour le conflit intrapsychique puisque la possibilité d'exploration du monde dépend de la qualité de la base sécure intériorisée par l'enfant.

– Il importe donc de laisser le temps à l'enfant d'établir correctement sa sécurité interne, tout en sachant que celle-ci dépend d'une fonction adulte adéquate mais qui peut, et cela est désormais clair, être assurée par des personnes de remplacement, et pas seulement par la mère, si tant est qu'on leur donne les moyens de travailler avec de petits groupes d'enfants, et dans des conditions d'attention psychique suffisante.

– Le concept d'enfant « mythique » ou « culturel » développé par S. Lebovici nous montre aujourd'hui que l'enfant est sociologiquement et collectivement perçu, voulu comme se devant d'être de plus en plus vite autonome. C'est l'enfant « mat(h) sup » de la grande section de maternelle !

– D'où cette notion de droit à l'enfance précédemment évoquée, qui souligne le fait que chaque étape du développement puisse être franchie tranquillement, si l'on souhaite que les étapes ultérieures se déroulent correctement.

– De ce point de vue, les bébés qui n'auront pas eu le temps suffisant pour être des bébés ne peuvent que devenir des enfants et des adolescents vulnérables et plus ou moins fragiles.

– Mais il existe pourtant un paradoxe actuel, nous l'avons dit dès l'introduction : plus une société est agitée, moins elle supporte l'hyperactivité de ses enfants, mais plus elle sécrète les conditions d'émergence de celle-ci, la scolarisation précoce généralisée nous semblant, précisément, faire partie des facteurs de risque à ce propos.

– L'idéal serait sans doute de pouvoir s'accorder une certaine liberté de choix selon les enfants (certains sont prêts à deux ans, d'autres ne le sont pas), mais cela suppose que l'école se donne véritablement les moyens d'accueillir les enfants les plus jeunes (avec la question difficile de la qualité de la professionnalisation des soins).

– Dans certains cas, et notamment dans des zones d'éducation prioritaire (ZEP), la mise à l'école des enfants de deux ans a pu être proposée comme un pis-aller.

En réalité, cela n'est pas acceptable car les conséquences néfastes de cette scolarisation prématurée ne peuvent que venir renforcer les difficultés ultérieures de ces enfants, comme le souligne à juste titre B. Cyrulnik dans cet ouvrage.

Si, malgré tout, c'est peut-être, parfois, la moins mauvaise des solutions disponibles – temporairement –, ce ne peut être un but en soi, comme voudrait en quelque sorte l'établir l'idée d'une scolarisation précoce généralisée, et ne faisons pas de cette mauvaise mesure un faux idéal qui risquerait de nous faire faire l'économie d'une réflexion urgente et nécessaire pour jeter les bases d'une véritable politique de santé et d'éducation, visant à offrir aux plus jeunes des lieux d'accueil authentiquement conçus en fonction de leurs besoins et, aux enfants à partir de trois ans, des maternelles réellement dignes de ce nom.

Conclusions générales

Tous les débats, même les plus intéressants peuvent s'enliser dans le clivage. S'opposer à la scolarisation précoce n'a en rien valeur d'attaque contre les maternelles.

Ce n'est pas parce que les maternelles sont insuffisantes – quantitativement et qualitativement – que nous nous opposons à la scolarisation précoce, mais c'est parce que la scolarisation précoce néglige les besoins fondamentaux du développement précoce.

Pourquoi ne pas vouloir le mieux à deux ans et à trois ans, c'est-à-dire des structures d'accueil de qualité jusqu'à trois ans, pour la petite enfance, et ensuite des maternelles de qualité au-delà de trois ans ?

Nous ne disposons pas de critères scientifiques capables de fixer un âge limite d'entrée à l'école qui soit valable pour tous les enfants.

Ce que l'on peut dire, en revanche, c'est qu'à deux ans la plupart des enfants ont besoin d'autre chose que de l'école (soit de lieux d'accueil vraiment pensés en fonction des connaissances actuelles sur le développement psycho-affectif des bébés), et que la plupart des enfants ont besoin de la maternelle à partir de trois ans (mais qu'ils ne trouvent pas encore suffisamment de maternelles de qualité).

Les deux combats, les deux luttes, doivent impérativement être couplés.

La décision de dégager les crédits nécessaires à la mise à disposition de lieux d'accueil de qualité pour les tout-petits et à la formation des personnels spécifiques, dépend évidemment de l'élaboration que l'on fera ou non de la source des problèmes actuels.

Nous parlons parfois des bébés comme de la dernière de nos utopies, ce qui est probablement bien lourd à porter pour eux !

Faisons en tout état de cause attention aux réponses dérisoires qui sont souvent pires que pas de réponse du tout, et qui ne feraient que traduire notre agressivité inconsciente à l'égard des plus jeunes, et sans doute à l'égard des enfants que nous avons nous-mêmes été.

CHAPITRE 6

L'école à deux ans est un scandale... sauf si...

Julien COHEN-SOLAL

Lorsque j'ai appris que les enfants de deux ans pouvaient aller à l'école, mes cheveux se sont dressés sur la tête et mon sang n'a fait qu'un tour. En fait, j'aurais dû le savoir depuis longtemps, car ce n'est pas la loi du 10 juillet 1989 qui autorise l'entrée à l'école maternelle dès l'âge de deux ans, ils peuvent y aller depuis 1886, date de la création de l'école maternelle.

Mais, en 1886, les mères travaillaient, en ville en tout cas, beaucoup moins que maintenant alors que 80 % des femmes d'aujourd'hui travaillent en dehors de leur domicile et, en général, les mères qui avaient plusieurs enfants les gardaient à la maison.

L'enfant de deux ans est un bébé

Le problème a donc changé mais ce qui n'a guère changé c'est le bébé de deux ans ; je dis bien « bébé » car à deux ans le petit enfant est encore un bébé.

Cela constitue une des difficultés du problème compte tenu de l'évolution moyenne de l'enfant. En terme de pédiatrie, on est un bébé jusqu'à deux ans, un petit enfant de deux ans à sept ans, ensuite un enfant. Et c'est pourquoi, dans nombre de pays, plus avancés que nous sur le plan scolaire, il faut bien dire, l'apprentissage de la lecture ne commence qu'à sept ans, ou au moins à six ans bien révolus.

Les termes mêmes de « enfant de deux ans » et « école » me paraissent véritablement antinomiques.

« L'enfant de deux ans est un bébé. Il n'a pas forcément acquis la propreté qui ne s'enseigne guère, mais survient très banalement et spontanément entre vingt-deux et vingt-huit mois, si on laisse l'enfant tranquille tout en lui « enseignant le pot[1] ». Il a encore surtout besoin, à cet âge, de la « sécurité affective » qui lui permet de structurer son intelligence et son affectivité. Elle lui est donnée par la chaleur et la sécurité de son environnement et l'importance et la permanence de ses « liens d'attachement ».

1. *Une école pour les tout-petits*, Georges Gauzente, inspecteur d'académie, inspecteur pédagogique régional jusqu'en 2003, et Mme Anne Gantelet, conseillère pédagogique, préface de Julien Cohen-Solal, 2004, Hachette éducation. Ils m'avaient demandé de préfacer leur livre car ils ont pensé à juste titre que nous avions beaucoup d'idées communes sur ce thème.

L'angoisse du petit enfant

Tout le développement du petit enfant est, comme je l'ai souvent dit, une « quête d'amour qui se fait dans l'angoisse ». Parlant de cette angoisse des petits, Winnicott la qualifiait d'« inimaginable », car elle est en effet impossible à concevoir par des adultes.

Et c'est la sécurité affective, notion fondamentale bien dégagée par John Bowlby et Marie Ainsworth, apportée surtout par l'environnement familial, qui lui permet de lutter contre et finalement de vaincre cette angoisse.

J'ai insisté sur cette angoisse profonde du petit car j'ai été un peu surpris de lire, dans un excellent article[2] intitulé « À Chanteloup-les-Vignes, on aide les tout-petits dès la crèche », les phrases suivantes : « Le réseau d'aide scolaire, les écoles et les professionnels de la petite enfance ont travaillé ensemble sur le diagnostic. Depuis, les troubles de l'éveil, chez les enfants de Chanteloup, ont régressé. En 2004-2005, ils concernaient 16 % des enfants. En revanche un mal nouveau, *encore inexpliqué* (souligné par moi) semble saisir les petits : l'angoisse. Ces enfants manquent de confiance en eux et se montrent aussi bien inhibés que très agités. Ils étaient 18 % en 2000-2001 et plus d'un quart en 2004-2005. »

Que l'angoisse des petits augmente ne m'étonne guère, mais qu'elle frappe à ce point des professionnels qui, au dire du journaliste, la considèrent comme « un mal encore inexpliqué » m'étonne en revanche beaucoup.

L'environnement familial n'est pas toujours apte à assurer cette sécurité affective, que la famille n'arrive pas

2. *Le Figaro* du 10 mars 2006.

à surmonter son éclatement, comme cela est si banal aujourd'hui, que les parents aient des problèmes comportementaux, ou que la famille soit démunie, ait une vie très difficile, avec de nombreux enfants comme on le voit tant de nos jours dans les quartiers miséreux. Par opposition, dans les quartiers aisés on observe souvent des parents qui souhaitent au fond d'eux-mêmes, que leurs enfants soient surstimulés, arrivent à lire à cinq ans...

Les deux situations sont aussi néfastes pour le bébé. Mais, concernant les familles à vie difficile, il faut tenir compte du fait que la crèche ne garde parfois les enfants que jusqu'à deux ans, qu'elle est payante et l'école gratuite ; même si des aides importantes sont en général accordées, il y a cependant de grandes disparités selon les régions, les villes, les lieux.

En général les enfants de deux ans, qui ont encore tant besoin d'environnement chaleureux, sont bien intelligents sauf s'ils ont un handicap important neurologique, génétique ou affectif, ayant entraîné un retard.

« C'est un être dynamique, prenant intérêt à tout, ouvert sur la vie, prêt à toutes les expériences à condition que l'on respecte son besoin de sécurité, et qu'il se perçoive lui-même en complète sécurité affective...

« Il comprend tout même si son langage est encore rudimentaire. Mais il sait dire son nom, souvent son âge, et c'est deux ans le premier âge qu'il est capable de bien énoncer.

On ne saurait trop insister sur les variations individuelles en cette matière...

« À deux ans il est tout prêt pour un début d'activités de type social. Si la mère reprend son travail il acceptera vite la crèche dès qu'il y sera un tant soit peu habitué. Il adorera aller dans un petit atelier, quelques heures par semaine. C'est un petit bout d'homme très indépendant mais il a, encore et toujours, besoin avant tout de sécurité affective[3]. »

La problématique de la scolarisation des petits

« Cette problématique a également souffert d'autres facteurs inscrits dans l'histoire même de l'école maternelle : *appropriation du modèle scolaire* renforcée par la réforme des cycles et par la formation commune aux enseignants d'élémentaire et de maternelle, image d'excellence qui rend délicat tout processus visant à faire émerger les contradictions, les paradoxes et les malentendus, influence des classes moyennes et supérieures sur les modèles de socialisation, d'éducation et d'apprentissage développés par l'école maternelle, etc.[4]. »

Je trouve déplorable qu'un pays aussi riche que le nôtre ne puisse avoir les meilleures crèches possibles jusqu'à deux ans, les meilleurs jardins d'enfants possibles de deux à quatre ans, et la meilleure école maternelle possible de quatre à six ans. Mais il y a une grande distance entre les souhaits théoriques et optimistes, les réalisations concrètes et les besoins de la réalité. Quelques exemples illustrent ce propos.

À l'occasion de réunions importantes des adhérents de l'AGIEM (Association générale des instituteurs et institutrices des écoles maternelles), j'ai bien souvent entendu

3. Je reprends quelques phrases de mon livre publié en 1982 *Les Deux Premières Années de la vie*, extraites du chapitre « L'Enfant de deux ans ».
4. G. Gauzente et A. Gantelet, *Une école pour les tout-petits*, *op. cit.*

s'exprimer les inquiétudes, les angoisses mêmes, d'enseignantes s'occupant d'enfants de deux à trois ans. Elles se sentaient souvent dépassées, insuffisamment compétentes sur la compréhension de ces tout-petits ; elles soulignaient toujours, et très intelligemment, le rôle des ATSEM et des aides-éducateurs. J'en ai même vu pleurer !

J'ai suivi pendant des années les enfants d'une dame remarquable alors directrice de maternelle dans une banlieue très pauvre du sud de Paris, avant d'être directrice d'école primaire. Elle me disait : « Vous savez, je ne suis pas directrice de maternelle, je suis assistante sociale. » Elle devait faire formidablement bien son métier.

À l'occasion de la journée de la Petite Enfance à Saint-Quentin en 1997, Mme Lucette Jovenau, directrice de l'école maternelle Jean-Macé « Les Trois Ponts » située dans un quartier défavorisé de Roubaix, et Mme Florence Obled, éducatrice de jeunes enfants dans cette école, ont parlé de leur expérience dans une classe hétérogène de vingt enfants tout petits, acceptés même avant d'avoir acquis la propreté, et destinée à réaliser leur intégration à la maternelle. Cette réalisation est fondée sur l'accueil et la participation parentale, l'accueil individualisé de ces petits. Elle donne de merveilleux résultats. L'essentiel m'a paru être, outre les succès à l'école, le changement dans les relations entre ces enfants et leurs parents, *s'accompagnant d'une amélioration des relations avec les autres enfants de la famille, en général nombreuse. N'est-ce pas là un élément fondamental pour la véritable prévention des difficultés scolaires, de la violence et même de la délinquance.* On pourrait s'expliquer très longuement sur ce thème d'importance dans la situation présente.

Les premières Assises nationales des spécialistes du développement de l'enfant et de l'adolescent ont eu lieu à Marseille le 19 juin 1993. On m'avait demandé de présider, et de présenter l'introduction à un atelier sur « l'entrée » en maternelle. À l'époque il existait très peu de telles classes pour tout-petits qui sont, malheureusement, très, très loin d'être généralisées. Mais, outre celle de Roubaix, on peut en citer plusieurs, en province surtout, car il est triste de dire qu'à Paris et en région parisienne on manque de crèches, et les classes de maternelles sont bien souvent surchargées.

J'ai appris, tout récemment, une merveilleuse initiative qui a lieu à Hauteville, dans l'Ain.

La directrice de la crèche, Anna Pinelli, a eu l'idée de placer crèche et école maternelle dans deux locaux proches, elle appelle cela le « Pass'Age ». Les petits de deux ans peuvent être inscrits en même temps à la crèche et à l'école maternelle contiguë à la crèche. Et selon les activités, de l'un ou l'autre endroit, et les bonnes dispositions des enfants à un moment donné, on les conduit, tous ou quelques-uns, de la crèche à l'école, et inversement ; cela donne d'excellents résultats, sur leur éveil, leur adaptation, leurs relations sociales. Quelle initiative originale et pleine de promesses !

Développer la relation avec les parents

Mais nous revenons à ce qui devrait être le rôle essentiel de l'École en plus de l'acquisition des connaissances fondamentales : lecture, compréhension du texte, écriture, bases du calcul, pour tout le monde ou du moins l'immense majorité, mais commencés à six ans bien révolus.

Ce rôle essentiel devrait être dans la relation avec les parents.

L'École est vraiment la seule instance nationale à avoir le contact avec *tous* les enfants, donc, *si elle le veut, tous les parents*. Je sais bien que cela est souvent difficile et je rends hommage à la somme de bonnes volontés qui existe chez les enseignants. Mais il faut bien dire que si l'école maternelle est en général excellente, mis à part le désir fréquent de commencer les enseignements à cinq ans, l'école primaire est bien souvent décevante.

Que doit faire un enfant à deux ans : jouer ; à trois ans : jouer ; à quatre ans : jouer ; à cinq ans : jouer. Après on peut voir !

Je sais bien que de nombreux enfants doués apprennent à lire quasiment tout seuls entre cinq et six ans. C'est formidable. Mais, jusqu'à six ans, il faut *répondre aux demandes et non pas forcer*, et la relation entre école et parents devrait être permanente, régulière, et considérée par les enseignants comme une de leurs tâches essentielles, au moins jusqu'à la fin du primaire. Certes beaucoup de parents créent pour cela des difficultés. Mais c'est aux enseignants à s'efforcer de le réaliser.

Car l'école n'a jamais à faire à une classe homogène mais à vingt et quelques enfants tous différents. Combien ai-je vu d'enfants de six ans subir une orthophonie inutile pendant deux ans, sur indication de l'école, alors qu'ils auraient eu besoin d'une prise en charge psychothérapique, leur difficulté de lecture, appelée faussement dyslexie, par exemple, provenant de sévères problèmes relationnels, de souffrance ou de deuil récents.

Les conditions de l'école à deux ans

Ces conditions ne peuvent être réunies que :

– Si elle est équipée pour s'occuper des bébés de cet âge, avec suffisamment de locaux, de jeux, de personnel.

– Si elle considère qu'elle adapte progressivement l'enfant à une structure favorisant sa sociabilité, son langage.
– Si elle considère que son rôle essentiel est, en tenant compte de ses liens, d'améliorer les relations entre l'enfant et la famille et de celle-ci avec les autres enfants de la fratrie.

Sinon, ayons suffisamment de crèches, avec un personnel compétent et faisons en sorte qu'elles gardent les petits-enfants jusqu'à l'âge de trois ans au moins.

CHAPITRE 7

La scolarisation précoce des enfants de milieu défavorisé

Roger MISÈS

Avec la loi du 20 juillet 1989, la scolarisation à l'âge de deux ans s'est beaucoup développée en France, en raison, notamment, du nombre insuffisant des places disponibles dans les crèches et dans les autres lieux d'accueil destinés aux jeunes enfants.

Les premières enquêtes effectuées au sein de l'Éducation nationale sur les effets de la scolarisation précoce ont d'abord donné des résultats favorables à partir de recherches qui se bornaient à évaluer comment les enfants tôt scolarisés s'adaptaient, quatre à cinq ans plus tard, à la classe du cours préparatoire, puis du cours élémentaire.

Aujourd'hui, des enseignants et des chercheurs de l'Éducation nationale formulent des réserves sur le nombre trop élevé d'enfants par classe, sur l'insuffisance dans la formation des personnels en charge des très jeunes élèves, sur la précarité habituelle des liens que l'école entretient avec les parents ou les intervenants extérieurs. D'autres professionnels de l'enfance, pédiatres, linguistes, membres des équipes de pédopsychiatrie ont repris ces réserves sous différents angles, en marquant que les conditions offertes ne répondent pas aux besoins exprimés par des enfants qui, dans une période critique de leur développement psychoaffectif, se trouvent appelés à vivre une expérience difficile de séparation de leur milieu familial et d'intégration dans un nouveau cadre. Ces remarques, à valeur générale, concernent plus encore les enfants considérés comme vulnérables, en particulier ceux qui sont issus de milieux touchés par la précarité et l'exclusion. Or, selon ses promoteurs, parmi ses objectifs prioritaires, la loi du 20 juillet 1989 envisage précisément d'offrir un cadre scolaire qui puisse remédier aux conséquences des carences subies par les enfants provenant de milieux défavorisés. Toutefois, aucune indication complémentaire n'est donnée sur les mesures à prévoir lors de l'admission de ces enfants et au cours de leur suivi ultérieur, comme si la simple séparation d'avec leur milieu familial, pendant les heures de classe, pouvait apporter une solution suffisante (C. Brisset, 2003).

Les données spécifiques

Cette procédure simplificatrice se relie à la survivance de conceptions et de modes d'intervention développés autrefois pour les « cas sociaux » – catégorie où, à côté des enfants privés de famille, on rassemble d'autres sujets dont l'entourage paraît incapable de satisfaire les besoins affectifs et éducatifs. Au fil des années, il a fallu reconnaître que ces filières spécialisées fonctionnent parfois comme un système d'exclusion, notamment dans les cas où des mesures de séparation sont appliquées sans qu'on ait procédé à une évaluation suffisante des conséquences de la coupure d'avec le milieu d'origine et sans que les aspects psychopathologiques aient fait l'objet d'un bilan.

Sous ces éclairages réducteurs, on néglige gravement la complexité des processus où l'enfant se trouve engagé selon des modalités qui appellent la prise en considération de multiples composantes. Assurément, les dommages subis pendant les phases initiales du développement ne sont jamais réductibles à un « handicap socioculturel » que la séparation d'avec le milieu familial suffirait à réduire : de nombreux travaux ont fait voir l'insuffisance de ces interventions, lorsqu'elles sont appliquées isolément, hors d'une réflexion suffisante sur les conditions d'accueil proposées à l'enfant et sur les mesures d'accompagnement.

Il apparaît donc essentiel de se dégager de ces positions réductionnistes, de façon que l'enfant issu d'un milieu défavorisé bénéficie, lui aussi, des modes de compréhension et des interventions multidimensionnelles qui sont utilisées ailleurs. Dans cette visée, des contributions importantes sont nées des pratiques sectorielles ou en réseau qui réunissent des professionnels de l'enfance appartenant à différents domaines : médical, psychologique, éducatif, social. Les équipes de santé mentale infantile et celles des centres d'action médico-sociale précoce tiennent ici une place importante, en assurant le suivi de l'enfant dans un cadre élargi où sont pleinement prises en compte les interactions avec l'environnement socio-familial. Dans ces conditions, on s'efforce de réunir les arguments qui permettent de discuter du lieu le mieux adapté à l'accueil de l'enfant en appréciant, entre autres, les dommages subis du point de vue psychopathologique (R. Misès, 1990).

Cependant, même quand l'on se place sous ces perspectives exigeantes, des obstacles subsistent. En effet, souvent les parents n'apparaissent pas capables d'apporter une information cohérente sur l'histoire de leur enfant et sur ses difficultés ; lors des essais de reconstruction anamnestique, les cliniciens butent sur la confusion dans les renseignements apportés où se dessinent un déni, une méconnaissance active à l'égard des manifestations de la souffrance psychique ; les symptômes sont banalisés ou invoqués surtout pour la gêne qu'ils apportent à l'entourage. Dans ce contexte, la demande de consultation émane rarement des parents, et les rencontres avec le spécialiste se font seulement sur la demande pressante et réitérée des services sociaux ; enfin, d'ordinaire, les conseils donnés sont peu suivis.

Compte tenu de tous ces paramètres – et *a fortiori* en l'absence d'un bilan préalable –, il existe donc un risque majeur que, lors d'une admission précoce en maternelle, la présence de perturbations psychologiques ne soit pas reconnue et qu'ultérieurement aucun suivi ne soit réalisé qui permette de dépister les infléchissements, sous un éclairage qui en reconnaîtrait la pleine signification. Souvent, à un âge plus avancé, à l'occasion de la consultation d'un enfant provenant de ces milieux, les équipes de pédopsychiatrie constatent de telles carences dans la prévention et le dépistage précoce d'où il résulte que, seules, des mesures sociales et éducatives ont été jusque-là appliquées mais qui sont restées sans effet.

Plus encore, la procédure de scolarisation précoce ne prend pas en compte – ou pas assez – la nécessité d'un travail en profondeur auprès des familles, dans des conditions qui permettent une approche multidimensionnelle. D'une façon générale, les parents ont mis en place des défenses rigides et ils conçoivent, fort mal, qu'on puisse les aider par des mesures d'ordre psychologique passant par la parole. Souvent, ils apparaissent, également, soumis à des composantes transgénérationnelles qui les poussent à répéter des expériences douloureuses personnelles en les reproduisant avec leurs enfants. Ces éléments s'extériorisent parfois, de façon évidente, à travers les maltraitances exercées, mais, d'autres fois, ils se manifestent sous des formes plus subtiles que seule pourrait reconnaître une approche psychopathologique d'orientation dynamique.

Dans le cadre d'une pratique sectorielle ou en réseau, les intervenants du champ social ou éducatif prennent en compte ces problématiques, de façon que les aides apportées sur ce terrain puissent se relier à une compréhension des aspects psychologiques et psychopathologiques, sous une forme qui incite les parents à faire alliance autour d'un projet multidimensionnel. L'observation montre aussi que, tant qu'on n'a pas établi des liaisons assez solides, la souffrance continue à s'exprimer dans ces milieux, à travers les agir, les phénomènes de somatisation, l'incohérence des comportements sociaux, c'est-à-dire sous des formes qui excluent le travail de mentalisation. Parents et enfants restent alors pris dans des processus où s'exprime sommairement la demande répétitive d'une réparation des dommages subis dont l'environnement social est ressenti comme responsable.

La procédure d'entrée en maternelle, selon la loi de juillet 1989, n'a pas pris en compte ces paramètres, comme si la scolarisation précoce, par ses seuls effets, pouvait permettre une réparation des dommages subis par l'enfant et remédier aux influences négatives que le milieu familial continue à exercer sur lui.

Les troubles susceptibles de se développer

Si, à partir de là, on revient aux questions concernant la nature des troubles susceptibles de se développer, plus ou moins insidieusement, chez des enfants issus de milieux défavorisés, il faut d'abord rappeler que, même dans des conditions très défavorables, beaucoup mettent en place de remarquables capacités d'adaptation et de réintégration, de nombreux exemples en ont été fournis. Cependant, chez d'autres se dessinent indiscutablement des infléchissements, des dysharmonies, des retards dans les apprentissages. Leur signification ne peut être appréciée si l'on s'appuie seulement sur le recueil des symptômes et des comportements superficiels, ou si l'on met en œuvre des investigations standardisées dont les résultats sont exploités en référence à des normes de développement, sans que ces éléments soient réinsérés dans une saisie élargie. Une approche compréhensive multidimensionnelle apparaît donc nécessaire. Menée sous une perspective dynamique, elle permet de dégager les traits et mécanismes qui caractérisent le processus pathologique.

Les troubles mentaux les plus divers se rencontrent dans les milieux défavorisés, mais le principal risque est représenté, et de loin, par l'entrée dans le cadre des pathologies limites du jeune âge (R. Misès, 1990). Les études épidémiologiques menées avec une classification, qui prend en compte les aspects structuraux, confirment à la fois la fréquence de telles évolutions et l'influence qu'exercent les facteurs psychosociaux (N. Quemada, 1989). Cependant, avant l'âge de trois ans, les processus observés restent encore ouverts à d'autres éventualités, ils apparaissent également très sensibles aux interventions multidimensionnelles entreprises dans cette période.

Du point de vue psychopathologique, les enfants pris dans les dysharmonies évolutives rencontrées entre deux à trois ans, c'est-à-dire à l'âge de la scolarisation précoce, sont déjà marqués par l'insuffisance des apports narcissiques et libidinaux provenant de l'entourage, ainsi que par les défauts d'ajustement survenus dans des périodes qui auraient exigé une étroite adaptation à leurs besoins. À travers la discontinuité des processus de soins maternels ainsi repérés, le clinicien entrevoit comment s'inscrivent des failles, des distorsions qui altèrent le déroulement de l'histoire, mais sans que survienne, pour autant, une rupture comparable à celle qui répond aux phénomènes de déstructuration caractéristiques de l'avènement d'une psychose précoce. En effet, dans l'évolution vers une pathologie de type limite, en dépit des carences subies et des distorsions déjà inscrites, l'enfant apparaît capable de mettre en œuvre des capacités défensives efficaces qu'il mobilise pour se protéger de l'envahissement par les angoisses primaires et des risques de rupture du lien. Par contre, ces protections sont contraignantes et elles tendent à se pérenniser ; elles ferment alors l'accès à l'émergence de modalités défensives plus souples, plus efficaces.

En définitive, les défenses instaurées précocement font obstacle aux remaniements intégratifs d'où découlent diverses défaillances dans l'appropriation de modes évolués de fonctionnement mental et de relation. Au cours de la deuxième année, les atteintes portées aux fonctions de contenance tiennent ainsi une place notable. L'enfant échoue, au moins partiellement, dans la construction d'un pare-excitation et dans la mise en place des mécanismes qui soutiennent l'exercice de la pensée et assurent la continuité des investissements. D'autres défaillances sont repérables dans le travail de séparation : la position dépressive, au sens de Melanie Klein, se trouve abordée, mais sans que puissent être affrontées pleinement les angoisses dépressives et de séparation. Parallèlement s'affirment les atteintes portées aux assises narcissiques, à travers la persistance d'une maîtrise exercée par l'environnement, par où l'enfant se trouve empêché d'accéder à une identité propre et à des aspirations personnelles. Sur ces bases s'organise un lien anaclitique dominant où vient, au premier plan, la vulnérabilité à la perte d'objet. Malgré tout, du point de vue clinique, l'entrée dans un cadre nouveau, tel celui offert par la scolarisation précoce, entraîne rarement l'apparition de phobies graves incluant des manifestations spectaculaires à type de panique. Plus souvent, l'intolérance de l'enfant s'exprime par des attitudes de renfermement sur soi, et par une absence d'intérêt pour les activités proposées dans la classe, au point qu'il semble essentiellement concentré sur l'attente du moment où il va retrouver sa famille. Sur ce fond se trouvent réactivées des expériences traumatiques qui ont été vécues antérieurement, dans des circonstances où s'étaient déjà manifestées des menaces de rupture du lien et des phénomènes de dépossession de la vie psychique.

L'entourage familial et scolaire est rarement alerté, d'autant que l'enfant mobilise des défenses archaïques qui, associées aux clivages et aux mécanismes de répression, organisent des fonctionnements en « faux self » à travers lesquels se renforcent des capacités superficielles d'adaptation – et même parfois de suradaptation. Parallèlement se développent des conduites de réassurance qui recouvrent la souffrance dépressive, les menaces de perte d'objet, les blessures narcissiques, cela à travers un contrôle serré exercé sur les affects et sur les objets de l'environnement.

Ces aménagements peuvent faire illusion, mais ils n'ont pas prise sur les failles sous-jacentes, ils ne soutiennent pas un authentique mouvement de réintégration ; dans ces conditions le développement d'aptitudes à la conformité va de pair avec la persistance de modalités archaïques de relation, de symbolisation, de fonctionnement mental, à travers lesquelles se trouve gravement restreinte l'ouverture au champ transitionnel et au désir de connaître. À l'évidence, même quand se dessinent des émergences positives, les enfants engagés dans des processus de cet ordre ne sont pas en mesure d'affronter les conflits de désir et d'identification.

Deux dangers principaux vont alors s'exprimer, plus ou moins articulés entre eux. En raison des défaillances de la mentalisation, les expressions par le corps et par l'agir viennent au premier plan, notamment à travers des conduites d'opposition qui accentuent les difficultés d'adaptation et d'apprentissage scolaire. De plus, les atteintes portées au développement des fonctions cognitives et instrumentales s'accentuent au point que chez certains enfants, à plus ou moins long terme, s'amorce un processus menant aux déficiences dysharmoniques (R. Misès, 1975, 1994) ou aux déficiences cognitives (B. Gibello, 1984). Cependant, ces risques s'affirment souvent de façon tardive, car, en dépit des traits et des mécanismes qui, assez tôt, sont repérables au plan psychopathologique, certains parmi ces enfants s'appuient longtemps sur des fonctionnements en « faux self » et semblent s'adapter dans un cadre scolaire où l'évaluation se fonde sur des critères essentiellement pédagogiques. Il est donc essentiel que l'école développe aujourd'hui des approches en partenariat avec les équipes de santé mentale infantile, pour que soient enfin reconnus la complexité de ces faits et les risques encourus. À défaut, la polarisation sur les seules composantes cognitives ou instrumentales (R. Misès, 2004) contribue à renforcer le déni de la souffrance de l'enfant et mène à l'accentuation des défauts d'ajustement mutuel entre l'enseignant et l'élève. Cependant, en dépit de ces composantes péjoratives, subsistent chez la plupart de ces enfants des virtualités indéniables, si grevées soient elles par les clivages, les forces de déliaison, la précarité des investissements – et aussi par l'inadéquation des mesures pédagogiques ou rééducatives qui, parfois, sont mises en œuvre sur des critères simplificateurs.

À mesure que l'enfant grandit, les temps manqués dans son histoire font aussi exiger des moyens de plus en plus importants pour réaliser des approches qui, alors, incluent nécessairement une visée curative, en raison de la sévérité croissante des aspects psychopathologiques qui peuvent se développer dans ces conditions.

En dépit de la gravité des processus évolutifs qu'on vient de situer, certains enfants ne sont pas dépistés avant la fin de leur scolarité primaire, soit qu'ils n'aient pas présenté de manifestations inquiétantes, soit qu'à l'expression de leurs difficultés on ait répondu, sommairement, par des mesures simplificatrices visant à réduire les aspects les plus gênants, sans que la gravité du processus sous-jacent soit reconnue. Malheureusement, la vulnérabilité de ces sujets persiste et même s'accentue ; des phases décisives de leur histoire ne sont pas franchies et la facticité des équilibres qui se sont maintenus jusque-là apparaît avec les ruptures qu'introduit l'adolescence. C'est dans les milieux défavorisés que se manifestent alors, avec la plus grande fréquence, les agir caractéristiques de cette période : les troubles des conduites, les expressions de la violence s'y relient à d'autres faits, en particulier, les dépressions, les tentatives de suicide, les comportements d'addiction (R. Misès, 1990, 2002).

Ces troubles sont en rapport avec la réactivation des menaces narcissiques, l'accentuation de la vulnérabilité à la perte d'objet, sur un fond de défaillance dans le domaine de la pensée. Ils surviennent dans une période où les transformations physiques et psychiques sont vécues parfois comme un véritable traumatisme, par des sujets qui éprouvent un sentiment de profonde incapacité lorsqu'ils sont appelés à réaménager leurs relations avec l'entourage et à mobiliser les ressources intérieures nécessaires au travail psychique qu'impose l'adolescence. Non seulement le sujet apparaît alors privé des potentialités qui, d'ordinaire, sont disponibles à cet âge, mais, de surcroît, l'entourage familial, loin de soutenir ses nouveaux besoins, tend, au contraire, à renforcer encore ses exigences propres et son emprise narcissique, devant un danger d'autonomisation qui met en défaut l'homéostasie du groupe. Confronté à l'intolérable sentiment d'une dépendance absolue, l'adolescent se trouve alors poussé à rompre. Il le fait souvent selon des modalités radicales qui vont le priver de liens objectaux encore indispensables : les dommages subis le laissent sérieusement éprouvé et le font se retrouver, plus que jamais, dépendant de ses premiers objets, sous une forme telle que certains jeunes, dans des instants d'une lucidité impitoyable, en arrivent à ne plus reconnaître l'image qu'ils se forment d'eux-mêmes. Les atteintes portées antérieurement aux supports identitaires s'accentuent encore dans ces circonstances et elles tendent à se fixer durablement. Dans ce contexte, les agir, de plus en plus spectaculaires (R. Misès, 2002), se relient souvent à des affirmations mégalomaniaques, à des attitudes de toute-puissance, qui ont pour fonction évidente de dénier le manque intérieur, la souffrance psychique, les blessures narcissiques. Sur ces bases, d'autres troubles peuvent s'inscrire à un âge plus avancé encore.

Améliorer le dépistage des inadaptations

Il n'est pas dans notre propos d'établir un lien de causalité sommaire entre la scolarisation précoce et les faits cliniques qu'on vient d'exposer, d'autant que, de plus en plus souvent, les équipes de santé mentale infantile sont appelées à intervenir à un moment où elles peuvent encore exercer des mesures préventives. Cependant, cette éventualité est loin d'être la règle et l'on constate encore des retards importants dans le dépistage des inadaptations et des troubles mentaux, qui surviennent à l'intérieur des milieux gravement défavorisés.

Sous cet angle, il est clair que, dans les conditions où elle est réalisée d'ordinaire, la scolarisation précoce n'offre pas le cadre souhaitable pour des enfants vulnérables. Elle n'inclut pas davantage une évaluation suffisante qui, à partir d'une reconnaissance des éléments péjoratifs, permettrait de construire un projet adapté à la singularité de chaque cas, de façon à prendre en compte, dans le lien dialectique qui les unit, les besoins de l'enfant et ceux de son entourage. En fait, on vient de le souligner, des interventions multidimensionnelles sont ici indispensables, elles doivent être appliquées dès le plus jeune âge, si l'on veut mettre certains sujets à l'abri des risques évolutifs graves qu'ils encourent à plus ou moins long terme.

Aujourd'hui, en contradiction avec ces exigences, par la simplification extrême qu'elle introduit dans l'abord du problème et par la solution univoque qu'elle propose, la scolarisation précoce donne à toutes les personnes concernées, notamment aux enseignants et aux familles, le sentiment que la bonne solution est appliquée. En fait dans ces conditions, il n'y a discussion ni sur les conditions d'accueil, ni sur les moyens qu'il faudrait associer. Il est donc temps de réunir les professionnels de l'enfance concernés par ces problèmes afin d'élaborer, ensemble, les mesures les mieux adaptées à l'accueil de ces enfants et à la prévention des risques qui les menacent. D'intéressantes expériences ont déjà été réalisées pour développer la coopération entre l'école et le secteur petite enfance, tout en renforçant les liens avec les parents ; de leur côté, beaucoup d'équipes pédopsychiatriques développent un partenariat avec l'école dans des conditions où la réussite de projets communs repose, pour une large part, sur le soutien mutuel que les intervenants sont appelés à s'apporter. De telles orientations offrent aussi des ouvertures intéressantes pour une formation réciproque à travers laquelle les enseignants, les éducateurs, les travailleurs sociaux expriment, d'ordinaire, une grande sensibilité aux aspects psychologiques et psychopathologiques qu'on vient d'évoquer.

Enfin, rappelons qu'en dehors des sujets issus d'un milieu défavorisé, les facteurs psychosociaux exercent ouvertement leur influence. Dans d'autres contextes fort différents, la vulnérabilité de certains enfants doit également être reconnue, même si elle se manifeste de façon plus subtile : ici aussi se justifient l'adaptation des lieux d'accueil et la prise en compte des interactions avec l'entourage.

Bibliographie

CHAPITRE 1
La maîtrise linguistique, un enjeu essentiel qui dépasse l'école

CHARPAK G., LÉNA P., QUÉRÉ Y., (2005) *L'Enfant et la Science. L'aventure de « La main à la pâte »*, Paris, Odile Jacob.

CHAPITRE 3
Quel environnement pour les besoins spécifiques du développement d'un enfant entre deux et trois ans ?

ALLAFORT DUVERGER M., (2001) « La Maison des Trois Espaces », *in Accueillir l'enfant entre deux et trois ans*, Toulouse, Érès, pp. 117-127.

BERTHOZ A., (2004) « Physiologie du changement de point de vue », *in* A. Berthoz, G. Jorland G. (sld), *L'Empathie*, Paris, Odile Jacob, pp. 251-275.

FLORIN A., (2001) « Trop grand à la crèche ? Trop petit à l'école ? Les conditions d'un accueil réussi », *in Accueillir l'enfant entre deux et trois ans*, Toulouse, Érès, pp. 85-105.

HAAG G., (1990a) « Le dessin préfiguratif de l'enfant, quel niveau de représentation ? », *Journal de la psychanalyse de l'enfant*, 8, 91-29.

HAAG G., (1990b) « Pour un passage sans violence (à propos de l'âge d'entrée à la maternelle) », *L'École des parents*, n° 8, pp. 34-37.

HAAG G., (1999a) « Devenir propre : les préalables », *in* J. Cohen-Solal et B. Golse (éds), *Au début de la vie psychique, le développement du petit enfant*, Paris, Odile Jacob, pp. 257-273.

HAAG G., (1999b) « Propositions pour la compréhension des différentes formes de violence chez le jeune enfant », *in* M. B. Lacroix, M. Montmayrant (éds), *Enfants terribles, enfants féroces*, Toulouse, Érès, pp. 177-190.

HAAG G., (2000a) « Réflexion sur une forme de symbolisation primaire dans la constitution du moi corporel et les représentations spatiales, géométriques et architecturales corollaires », *in* B. Chouvier (éd.), *Matière à symbolisations*, Lausanne, Delachaux et Niestlé, pp. 75-88.

HAAG G., (2000b) « Les apprentissages spontanés dans les premières étapes de maturation : préalables aux apprentissages préscolaires et scolaires (Actes du XVe congrès national de la FNAREN, Nanterre 2-5 juin 1999) », *in* « L'enfant entre liens et séparations », *l'Erre*, numéro spécial congrès de Nanterre, pp. 95-106.

HAAG G., (2004) « Sexualité orale et moi corporel », *Topique*, 87, pp. 23-45.

HAAG M., (2002) *À propos et à partir de l'œuvre et de la personne d'Esther Bick*, vol. I : *La Méthode d'E. Bick pour l'observation régulière et prolongée d'un tout-petit au sein de sa famille*, Paris, Imprimerie nationale, autoédition, diffusion : Dr M. Haag, 18, rue Émile-Duclaux, 75015 Paris.

RAYNA S., (2001) « À deux ans, connaître et communiquer dans le jeu symbolique », *in Accueillir l'enfant entre deux et trois ans*, *op. cit.*, pp. 11-31.

ROUSSILLON R., (2004) « Le jeu et le potentiel », *Revue française de psychanalyse*, 2004, 1, pp. 79-94.

SINCLAIR H., STAMBAK M., LÉZINE I., RAYNA S., VERBA M., (1982) *Les Bébés et les choses*, Paris, PUF.

TAP P., (2001) « Construction de l'identité et du lien social entre deux et trois ans. Affirmation, caprice, agressivité ? », *in Accueillir l'enfant entre deux et trois ans*, *op. cit.*, pp. 31-55.

CHAPITRE 4
Quelles structures d'accueil pour les enfants de deux à trois ans ?

AZOUR F., PATY J., (1997) « L'ontogenèse de l'endormissement chez le nourrisson et le petit enfant pendant la sieste au cours des trois premières années de vie », communication à la Société française de recherche sur le sommeil, Toulouse, 20 novembre 1997.

BASLER K., LARGO R. H., MOLINARI L., (1980) « Die Entwicklung des Schlafverhalten in der ersten fünf Lebensjahren », *Helv. Paediatr. Acta*, 35, pp. 211-223.

BOWLBY J., (1958) « The nature of the child's tie to his mother », *Int. J. Psychoanal.*, 39, pp. 350-373.

BOWLBY J., (1960) « Separation anxiety », *Int. J. Psychoanal.*, 41, pp. 89-113.

BOWLBY J., (1969) *Attachment and Loss. I : Attachment*, Londres, The Hogarth Press et Institute of Psychoanalysis.

BOWLBY J., (1973) *Attachment and Loss. II : Separation, Anxiety and Anger*, Londres, Tavistock.

BOWLBY J., (1980) *Attachment and Loss. III : Loss, Sadness and Depression*, New York, Basic Books.

CHALLAMEL M. J., (1988) « Development of sleep and wakefulness in humans », *in* E. Meisami, P. S. Timiras (éds) *Handbook of human growth and developmental biology*, Boca : Raton, CRC Press 1, pp. 235-239.

CHALLAMEL M. J., (1992) « Fonction du sommeil paradoxal et ontogenèse », *Neurophysiol. Clin.*, 22, pp. 117-132.

CHALLAMEL M. J., (2001) « Sommeil de l'enfant, de la période foetale à l'adolescence », *in Rythmes de l'enfant. De l'horloge biologique aux rythmes scolaires*, Paris, Éd. INSERM, pp. 31-50.

CYRULNIK B. (ed.), (1998) *Ces enfants qui tiennent le coup*, coll. « Hommes et Perspectives/Martin Média », Revigny-sur-Ornain et Malakoff, Desclée de Brouwer.

CYRULNIK B., (1999) *Un merveilleux malheur*, Paris, Odile Jacob.

CYRULNIK B., (2001) *Les Vilains Petits Canards*, Paris, Odile Jacob.

GOLSE B., (2000) « La pulsion d'attachement : info ou intox ? », *in* D. Cupa (éd.) *L'attachement, perspectives nouvelles*, Paris, éd. EDK, pp. 120-130.

KLACKENBERG G., (1982) « Sleep behaviour studied longitudinally », *Acta Paediatrica Scand.*, 71, pp. 501-506.

Koch P., Soussignan R., Montagner H., (1984) « New data on the wake-sleep rhythm of children aged from 2 1/2 to 4 1/2 years », *Acta Paediatrica Scand.*, 73, pp. 667-673.

Koch P., Montagner H., Soussignan R., (1987) « Variations of behavioral and physiological variables in children attending kindergarten and primary school », *Chronobiol. Int.*, 4, pp. 525-535.

Misès R., Perron R., (1985) « Étude psychopathologique des déficiences intellectuelles de l'enfant », *in* S. Lebovici, R. Diatkine, M. Soule (éds), *Traité de psychiatrie de l'enfant et de l'adolescent*, II, Paris, PUF, pp. 329-336.

Misès R., Perron R., Sableux R., (1990) « Approche psychopathologique des déficiences intellectuelles de l'enfant », *Encycl. med. chirurg. pédiatrie*, 4101, J.10.

Misès R., Perron R., Sableux R., (1994) *Retards et troubles de l'intelligence de l'enfant*, Paris, ESF.

Montagner H., (1978) *L'Enfant et la communication*, Paris, Stock.

Montagner H., (1983) *Les Rythmes de l'enfant et de l'adolescent*, Paris, Stock/Pernoud.

Montagner H., (1988) *L'Attachement, les débuts de la tendresse*, Paris, Odile Jacob.

Montagner H., (1993) *L'Enfant acteur de son développement*, Paris, Stock.

Montagner H., (1995) « Attachement, tendresses et vicissitudes. Les compétences-socles de l'enfant », *in* M. Gabel, S. Lebovici, P. Mazet (éds), *Maltraitance : maintien du lien ?*, Paris, Fleurus, pp. 65-98.

Montagner H., (1996) *En finir avec l'échec à l'école*, Paris, Bayard.

Montagner H., (1997) « Les compétences du bébé et du jeune enfant à induire la communication avec leurs différents partenaires », *Communication et Organisation*, n° 12 (Induction et communication), pp. 33-125.

Montagner H., (1998) « L'aménagement des espaces de vie pour les tout-petits », *in L'Accueil des tout-petits*, Ramonville, Érès, pp. 29-67.

Montagner H., (1998) « Les compétences-socles : une nouvelle grille de lecture des constructions enfantines et de leurs anomalies », *in Développements : construction du sujet et identité sociale*, Paris, Desclée de Brouwer, coll. « Hommes et Perspectives », pp. 11-60.

Montagner H., (1999) « Attunement and regulation processes in the young child especially in stress situations : The core skills. The importance of equipped settings », *in* J. C. Gomes Pedro (éd.),

Stress and Violence in Childhood and Youth, Lisbonne, Faculdade de Medicina de Lisboa et Children's Hospital of Boston, Gulbekian, pp. 421-536.

MONTAGNER H., (2002) « The ontogeny of the baby's interactions over the first year », *in* J. C. Gomes Pedro, J. K. Nugent, J. G. Young, T. B. Brazelton (éds), *The Infant and Family in the Twenty-first Century*, New-York, Brunner-Routledge, chapitre 9, pp. 109-137.

MONTAGNER H., (2002) « Competencias-alicerce do Bebê », *in* L. Corrêa Filho, M.-E. Girade Corrêa, P. Sergio Franca (éds), *Novos olhares sobre a Gestaçao e a Criança até os 3 anos*, Brasilia, L.G.E. Editoria, pp. 388-399.

MONTAGNER H., (2002) *L'Enfant et l'animal. Les émotions qui libèrent l'intelligence*, Paris, Odile Jacob.

MONTAGNER H. (sld), (2002) *L'Enfant : la vraie question de l'école*, Paris, Odile Jacob.

MONTAGNER H., (2004) « Processus d'attachement et du "fonctionnement" de l'enfant : nouvelle approche », *Gynécologie obstétrique et fertilité*, 32, pp. 525-537.

MONTAGNER H., « Un nouveau modèle de la communication chez l'enfant », *in Y a-t-il un modèle unitaire de la communication humaine ?*, sous presse, Italie.

MONTAGNER H., HENRY J.-C., LOMBARDOT M., RESTOIN A., BOLZONI D., DURAND M., HUMBERT Y., MOYSE A., (1978) « Behavioral profiles and corticosteroid eccretion rhythms in young children. Part I : Non-verbal communication and setting up of behavioural profiles in children from 1 to 6 years », *in* V. Reynolds, N. G. Blurton Jones (éds), *Human Behaviour and Adaptation*, Londres, Francis and Taylor, pp. 207-228.

MONTAGNER H., HENRY J.-C., RESTOIN A., (1982) « Biological defense rhythms and communication in children », *in* W. W. Hartup (éd.) *Review of Child Development Research*, 6, Chicago, The Chicago University Press, pp. 291-319.

MONTAGNER H., RESTOIN A., ULLMANN V., RODRIGUEZ D., GODARD D., (1984) « Development of early peer interaction », *in* W. Doise A. Palmonari (éds), *Social Intercation in Individual Development*, Londres, Cambridge Univ. Press, pp. 25-41.

MONTAGNER H., RESTOIN A., RODRIGUEZ D., KONTAR F., (1988) « Aspects fonctionnels et ontogénétiques des interactions de l'enfant avec ses pairs au cours des trois premières années », *Psychiatrie de l'enfant*, 31, pp. 173-278.

MONTAGNER H., RESTOIN A., GAUFFIER G., EPOULET B., GOULEVITCH R., WIAUX B., TAULE M., (1993) « Émergence et développement des compétences du jeune enfant », *Arch. fr. pédiatr.*, 50, pp. 645-651.

MONTAGNER H., RESTOIN A., GAUFFIER G., EPOULET B., GOULEVITCH R., WIAUX B., TAULE M., (1993) « Alternative child care in France. Advances in the study of motor, interactive and social behaviors of young children in settings allowing them to move freely in a group of peers », *Pediatrics*, 91, pp. 253-363.

MONTAGNER H., GAUFFIER G., EPOULET B., GOULEVITCH R., RAMEL N., WIAUX B., TAULE M., (1994) « The earliness and complexity of the interaction skills and social behaviors of the child with its peers », *in* R. A. Gardner, B. T. Gardner, B. Chiarelli, E. X. Plooij (eds) *The ethological roots of culture*, NATO ASI Series, Series D : *Behavioral and Social Sciences*, 78, Dordrecht (Hollande), Kluwer Academic Publ., pp. 315-355.

MONTAGNER H., TESTU F., (1996) « Rythmicités biologiques, comportementales et intellectuelles de l'élève au cours de la journée », *Pathologie Biologie*, 44, pp. 519-533.

MONTAGNER H., STEVENS Y., (2003) *L'Attachement, des liens pour grandir plus libre*, Paris, L'Harmattan.

PIAGET J., (1923) *Le Langage et la pensée chez l'enfant*, Neuchâtel et Paris, Delachaux et Niestlé.

PIAGET J., (1936) *La Naissance de l'intelligence chez l'enfant*, Neuchâtel et Paris, Delachaux et Niestlé.

PIAGET J., (1937) *La Construction du réel chez l'enfant*, Neuchâtel et Paris, Delachaux et Niestlé.

PIAGET J., (1970) *La Psychologie de l'intelligence*, Paris, Armand Colin.

PIAGET J., (1975) *L'Équilibration des structures cognitives, problème crucial du développement*, Paris, PUF.

PIERREHUMBERT B., (2003) *Le Premier Lien*, Paris, Odile Jacob.

ROQUEFEUIL G. de, DJAKOVIC M., MONTAGNER H., (1992) « Données nouvelles sur la genèse du rythme veille-sommeil de l'enfant de 4 mois à 15 mois », *Arch. fr. pediatr.*, 49, pp. 493-504.

ROQUEFEUIL G. de, DJAKOVIC M., MONTAGNER H., (1993) « New data on the ontogeny of the child's sleep rhythm », *Chronobiology International*, 10, pp. 43-53.

SOUSSIGNAN R., KOCH P., MONTAGNER H., (1985) « Contribution à l'étude de l'évolution temporelle du sommeil de nuit et du sommeil de sieste chez de jeunes enfants », *C. R. Acad. sc.*, 300, pp. 359-362.

STERN D., (1982) « Some interactive functions of rhythm changes between mother and infant », *in* M. Davis (éd.) *Interaction rhythms. Periodicity in Communication Behavior*, New-York, Human Sciences Press, pp. 101-117.

STERN D., (1985) « Affect attunement : Mechanisms and clinical implications », *in* J. D. Call, E. Galenson, R. L. Tyson (eds), *Frontiers of Infant Psychiatry, 2*, New York, Basic Books.

TESTU F., (1986) « Diurnal variations of performances and information processing », *Chronobiologia*, 13, pp. 319-328.

TESTU F., (1994) « Quelques constances dans les fluctuations journalières et hebdomadaires de l'activité intellectuelle des élèves en Europe », *Enfance*, 4, pp. 389-400.

TESTU F., (2000) *Chronopsychologie et rythmes scolaires*, Paris, Masson.

TESTU F., (2001) « Rythmes et performances : approche chronopsychologique », *in Rythmes de l'enfant. De l'horloge biologique aux rythmes scolaires*, Paris, INSERM, pp. 51-73.

WIAUX B., (1995) « Acquisition et régulations des habiletés locomotrices sur un plan incliné à 45 degrés chez des enfants âgés de 9 à 21 mois », thèse de doctorat, Sciences de la vie et du comportement, université de Montpellier-I.

ZAZZO B., (1984) *L'École maternelle à deux ans : oui ou non ?*, Paris, Stock/Pernoud.

CHAPITRE 5

Réflexions développementales et psychanalytiques sur la scolarisation précoce

ALVAREZ A., (1992) *Live Company*, Londres, Routledge. Traduction française, (1997) « Une présence bien vivante (le travail de psychothérapie psychanalytique avec les enfants autistes, borderline, abusés, en grande carence affective », Larmor-Plage, Éditions du Hublot/Regards sur les Sciences humaines, coll. « Tavistock clinic ».

BION W. R., (1962) *Aux sources de l'expérience*, Paris, PUF, coll. « Bibliothèque de psychanalyse », 1979 (1re éd.).

BION W. R., (1963) *Éléments de psychanalyse*, Paris, PUF, coll. « Bibliothèque de psychanalyse », 1979 (1re éd.).

BION W. R., (1965) *Transformations. Passage de l'apprentissage à la croissance*, Paris, PUF, coll. « Bibliothèque de psychanalyse », 1982 (1re éd.).

BION W. R., (1970) *L'Attention et l'interprétation scientifique. Une approche de la compréhension intuitive en psychanalyse et dans les groupes*, Paris, Payot, coll. « Science de l'homme », 1974.

BRAZELTON T. B., (1983) « Échelle d'évaluation du comportement néonatal », *Neuropsychiatrie de l'enfance*, 31, 2-3, pp. 61-96.

FREUD S., (1911) « Formulations sur les deux principes du cours des événements psychiques », *in* S. Freud, *Résultats, idées, problèmes*, t. I, Paris, PUF, coll. « Bibliothèque de psychanalyse », 1975 (7e éd.), pp. 135-143.

FREUD S., (1925) « La Négation », *in* S. Freud, *Résultats, idées, problèmes*, t. II, Paris, PUF, coll. « Bibliothèque de psychanalyse », 1985 (1re éd.), pp. 135-139.

GOLSE B., DESJARDINS V., (2004) « Du corps, des formes, des mouvements et du rythme comme précurseurs de l'émergence de l'intersubjectivité et de la parole chez le bébé », *Une réflexion sur les débuts du langage verbal. Journal de la psychanalyse de l'enfant*, 35 (« Langages »), pp. 171-191.

KRISTEVA J., (1987) *Soleil noir. Dépression et mélancolie*, Paris, Gallimard.

MELTZER D. *et coll.*, (1980) *Explorations dans le monde l'autisme*, Paris, Payot.

PIAGET J., (1977) *Mes idées*, Paris, Denoël-Gonthieu.

PONTALIS J.-B., (1986), *L'Amour des commencements*, Paris, Gallimard, « NRF ».

D'autres références bibliographiques également citées dans ce chapitre sont toutes disponibles dans les quatre ouvrages suivants de l'auteur :

GOLSE B., (1990) *Insister-Exister (De l'être à la personne)*, Paris, PUF, coll. « Le fil rouge ».

GOLSE B. (sld), (1992), *Le Développement intellectuel et affectif de l'enfant*, Paris, Masson, coll. « Médecine et psychothérapie », 3e édition.

GOLSE B., (1999), *Du corps à la pensée*, Paris, PUF, coll. « Le fil rouge ».

GOLSE B., (à paraître 2006) *L'Être-bébé. Les questions du bébé à la théorie de l'attachement, à la psychanalyse et à la phénoménologie*, Paris, PUF, coll. « Le fil rouge ».

CHAPITRE 7
La scolarisation précoce des enfants de milieu défavorise

BRISSET C., (2003) « Repenser l'accueil des enfants de deux-trois ans », Rapport annuel du défenseur des enfants, Paris, La Documentation française.

GIBELLO B., (1984) *L'Enfant à l'intelligence troublée*, Paris, Le Centurion.

MISÈS R., (1975) *L'Enfant déficient mental. Approche psychodynamique*, Paris, PUF, 1975.

MISÈS R., (1987) « Apports de la psychopathologie de l'enfant à l'étude de la psychopathie », *in Cinq Études de psychopathologie de l'enfant*, Paris, Privat, pp. 169-186.

MISÈS R., (1990) *Les Pathologies limites de l'enfance*, Paris, PUF.

MISÈS R., PERRON R., SALBREUX R., (1994) *Retards et troubles de l'intelligence de l'enfant*, Paris, ESF Éditions.

MISÈS R., QUEMADA N., (2002) *Classification française des troubles mentaux de l'enfant et de l'adolescent. R 2000*, Paris, CTNERHI Éditions.

MISÈS R., (2002) « L'évolution des formes latentes des pathologies limites de l'enfance au cours de l'adolescence », *L'Information psychiatrique*, 78, 3, pp. 271-276.

MISÈS R., (2004) « Troubles instrumentaux et psychopathologie », *Neuropsychiatrie de l'enfance et de l'adolescence*, 52, pp. 353-355.

QUEMADA N., (1989) « Enquête nationale sur la population prise en charge par le secteur de psychiatrie infanto-juvénile », rapport, Paris.

Les auteurs

Boris CYRULNIK, neuropsychiatre, directeur d'enseignement à l'université de Toulon, anime plusieurs groupes de recherche en biologie de l'attachement. Il est notamment l'auteur de :
Les Nourritures affectives, 1993, Odile Jacob.
Les Vilains Petits Canards, 2001, Odile Jacob.
Le Murmure des fantômes, 2003, Odile Jacob.
Parler d'amour au bord du gouffre, 2004, Odile Jacob.
Psychanalyse et Résilience, sous la direction de Boris Cyrulnik et Philippe Duval, 2006, Odile Jacob.

Claire BRISSET a été défenseure des enfants en France de 2000 à 2006 après avoir été directrice de l'information de l'UNICEF pour l'Europe.

Alain BENTOLILA est professeur de linguistique à l'université de Paris-V-Sorbonne, conseiller scientifique de l'Observatoire national de la lecture et de l'Agence nationale de lutte contre l'illettrisme, spécialiste de l'acquisition du langage chez le très jeune enfant. Il est l'auteur de :
Tout sur l'école, 2004, Odile Jacob.

Martine A. PRETCEILLE est professeur d'université des Sciences de l'éducation à Paris-VIII après avoir été institutrice, inspectrice de l'Éducation nationale et directrice d'École normale. Elle a créé le premier diplôme en France sur « Droits de l'enfant et pratiques professionnelles » à Paris-VIII. Elle est par ailleurs l'auteur de nombreux ouvrages sur l'éducation et la communication interculturelles.

Geneviève HAAG, pédopsychiatre, psychanalyste, membre de la Société psychanalytique de Paris, ex-consultant et thérapeute à l'Institut Clapadère (Neuilly) ; dans ce cadre, elle a animé pendant vingt ans, en collaboration avec les crèches et la PMI, une équipe de dépistage précoce basée sur l'observation partagée. Elle a écrit de nombreux articles sur la clinique et la théorie de l'autisme et des psychoses précoces ainsi que sur le premier développement.

Le professeur Hubert MONTAGNER est directeur de recherche à l'INSERM. Il anime à l'université de Bordeaux-II un groupe de recherche spécialisé dans le développement et les rythmes du très jeune enfant. Il est notamment l'auteur de :

L'Attachement, les débuts de la tendresse, 1988, Odile Jacob.

L'Enfant : la vraie question de l'école, sous la direction de, 2002, Odile Jacob.

L'Enfant et l'animal, les émotions qui libèrent l'intelligence, 2002, Odile Jacob.

Bernard GOLSE, pédopsychiatre psychanalyste est chef du service de pédopsychiatrie de l'hôpital Necker-Enfants-Malades à Paris et professeur de psychiatrie de l'enfant et de l'adolescent à l'université René-Descartes-Paris-V. Il est notamment l'auteur de :

Au début de la vie psychique, le développement du petit enfant, avec le Dr Julien Cohen-Solal, 1999, Odile Jacob.

Bébé en réanimation. Naître et renaître, avec M. Bloch, S. Gosme-Séguret et Mostafa Mokthari, 2001, Odile Jacob.

Du corps à la pensée, 1999, PUF, coll. « Le fil rouge ».

L'Être-Bébé, 2006, PUF, coll. « Le fil rouge ».

Julien COHEN-SOLAL, pédiatre, est médecin consultant à l'hôpital Robert-Debré. Il est l'auteur de :

Au début de la vie psychique, le développement du petit enfant, avec le Pr B. Golse, 1999, Odile Jacob.

Comprendre et soigner son enfant, 1975 et 2004, Robert Laffont.

Les Deux Premières Années de la vie, 1982 et 2003, Robert Laffont.

Être heureux à l'école ?, 1996 et 2004, Robert Laffont.

Cinq sous de glace. Cinquante année de pédiatrie, 2001 et 2003, Odile Jacob.

Ma grossesse, mon enfant, avec le Pr R. Frydman, 1990 et 2003, Odile Jacob.
Tout va bien se passer, 2000, Bayard.

Roger MISÈS, professeur émérite de psychiatrie de l'enfant et de l'adolescent de l'université Paris-Sud, est un pionnier de la pédopsychiatrie française. Il a fait valoir l'aspect multidimensionnel de la prise en charge des pathologies psychiatriques de l'enfant et a dirigé la Fondation Vallée à Paris. Il est l'auteur de :
L'Enfant déficient mental, 1975, PUF, coll. « Le fil rouge ».
Cinq études de psychopathologie de l'enfant, 1987, Privat.
Les Pathologies limites de l'enfance, 1990, PUF, Coll. « Le fil rouge ».

Table

Ouvrage publié sous la responsabilité éditoriale
de Caroline Chaine

Cet ouvrage a été transcodé et mis en pages
chez Nord Compo (Villeneuve-d'Ascq)
et achevé d'imprimer sur Roto-Page
par l'Imprimerie Floch à Mayenne
en août 2006

N° d'impression : 66294
N° d'édition : 7381-1822-X
Dépôt légal : août 2006

Imprimé en France